éd*i*ps
IMPRIMEURS

Gérard Vandystadt
EDITIONS

I will survive
...1982... 1986...1990...1994...1998...

PHOTO : LAURENT ZABULON (Le 12 Juillet 1998 à l'Arc de Triomphe)

"Je voulais rentrer chez moi en emportant l'Arc de Triomphe...
mais l'Arc de Triomphe est à vous."
Mario Zagalo - (Entraîneur du Brésil)

"Le rêve avait commencé sur les Champs-Élysées
avec Fernand Sastre en Novembre 1992..."
Michel Platini

VANDYSTADT

REGARDS DU SPORT

Poster 40 x 60 (Mai 1998 - Gérard Vandystadt Editions)

La très belle histoire d'une photo de presse :
cette photo, "notre photo" du célébrissime trophée, est devenue en quelques mois
l'image imprimée la plus importante, la plus symbolique de cette
16e Coupe du Monde de Football jouée en France.
La presse, l'édition, la publicité lui ont fait un succès exceptionnel...
Elle a été la plus reproduite, la plus publiée, la plus utilisée
de toutes les façons possibles, en France et dans le monde entier,
jusqu'au soir du 12 Juillet 1998...
Mike Hewitt (reporter photographe Allsport-Vandystadt)
l'a réalisée à l'issue de la finale du 15e Mondial aux U.S.A.
le 17 Juillet 1994 (BRÉSIL - ITALIE).
La coupe est portée à bout de bras par les Brésiliens vainqueurs.
La photo restera !
Et la coupe changera de mains...

ALLSPORT FRANCE

Vandystadt SPORTS PHOTOS

"Je suis impatient
de démontrer que j'avais raison."
Aimé Jacquet

Aimé Jacquet !
"Champion du monde !
Voilà comment il se voit le 12 Juillet prochain."
Sport's Magazine - Mai 1998

Un triomphe national :
la France championne du monde,
c'est beaucoup plus que du football.
Le Figaro Magazine - 18 Juillet 1998

Stade de France
PLEURER DE JOIE. TAPER DANS SES MAINS.
CHANTER EN CHŒUR. HURLER DE COLÈRE.
REDÉCOUVREZ VOS CLIENTS.
LOGES ET SIÈGES PREMIER : 01 55 93 07 75.
Les services exclusifs du Stade de France :
places de parking avec accès direct dans le stade - entrée d'honneur
et hôtesses d'accueil - les meilleures places du stade
- cocktails et repas - salons décorés et animés - cadeaux-souvenir.
STADE DE FRANCE. LE PLUS BEAU LIEU DE RENCONTRE.

Jacques Chirac (à l'Élysée, au retour de la finale) :
"On est tous heureux, c'est le moins qu'on puisse dire.
On a vraiment une équipe formidable, formidable.
Mais ce qui est le plus fantastique quand on voyait le stade,
quand on voit maintenant les rues de Paris,
c'est qu'on a l'impression que c'est chaque Français,
individuellement, qui a gagné la Coupe du Monde
et qui était sur le terrain en train de pousser le ballon."

PHOTO : RENATE KUHN (Le 12 Juillet 1998 aux Champs-Elysées).

La plus grande fête du monde... 1,5 million de gens heureux !

Merci, au quatuor de jeunes cadres cravatés de la ligne 6 du métro parisien.
Oui, parfaitement : les quatre types en costard, attaché-case à la main, qui sont montés à la station La Motte-Picquet, direction Étoile, une heure avant le coup d'envoi de la demi-finale France - Croatie.
Wagon bondé. Regards dans le vide. Silence dans les rangs. Le métro, quoi...
Et soudain, l'un des quatre qui se met à hurler : "Et maintenant, pour les Bleus, ce soir, tchic-a-tchic-a-tchic !"
Le wagon : "Ay! ay! ay!" Hallucinant. Rebelote à la station Dupleix.
Le cravaté, encore lui : "A l'attention des nouveaux arrivants : pour la France, ce soir, tchic-a-tchic-a-tchic!"
Chœur des gamins agglutinés contre les vitres, des pères de famille et des mamies agrippées à leurs banquettes : "Ay! ay! ay!" On n'invente rien. On y était. On a fait "Ay! ay! ay!".
Henri Haget - L'Express - 16 Juillet 1998

"Je crois et j'espère que nous allons garder au cœur cet élan et cette fraternité."
Jacques Chirac

ROGER ZABEL

Un Monde en Bleu...

La France Championne du Monde. C'est superbe, c'est magique, c'est sublime. C'est si beau, une France qui gagne. Une France qui vous enfle de fierté et qui fait redécouvrir au pays les vertus du patriotisme. Jamais depuis la Libération, le peuple de France ne s'était retrouvé aussi uni, aussi sensible aux accents de la Marseillaise, aussi heureux de se draper dans les replis des couleurs nationales. Tout cela par la grâce d'une équipe extraordinaire. Une équipe à nulle autre pareille qui symbolise à la fois la diversité et la formidable intégration de toutes les composantes du pays. Une équipe qui rassemble et qui puise précisément dans chacune des spécificités du groupe la force et l'intelligence qui la caractérisent. C'est ce que l'on appelle sans doute une "force de caractères"...

Mais à la vérité rien n'aurait été si beau, si grand, si noble sans le pouvoir de persuasion, sans la détermination, sans la patiente rigueur et sans le fantastique professionnalisme d'Aimé Jacquet. Jacquet raillé, Jacquet décrié, Jacquet critiqué, mais Aimé Jacquet animé par une force intérieure extraordinaire qui lui indiqua jusqu'au bout qu'il avait raison en dépit de ses nombreux censeurs... Depuis son arrivée aux commandes de la sélection nationale, il n'avait qu'une seule idée en tête, qu'une unique obsession. Et rien, ni personne n'aurait pu le faire dévier de sa trajectoire. Aujourd'hui que le but est atteint, il est devenu un héros de légende mais lui seul sait combien la route fut semée d'embûches, pleine de pièges et de doutes. Il aura eu le mérite gigantesque d'éviter les unes et les autres pour mieux faire triompher ses idées et la justesse de son jugement. L'honnête homme qu'il a toujours été doit bien s'étonner de tout le tintamarre qu'il suscite, alors qu'il n'a pas changé d'un iota et qu'il est tel qu'en lui-même, un juste... depuis longtemps.

Jacquet aura donc réalisé - au-delà même de l'imaginable - l'union sacrée de tout le peuple de France. Mais avant d'en arriver là, il lui a fallu bâtir une équipe comme il les aime, une formation de combat qui lui ressemble, tout entière imprégnée de ses vertus cardinales : la rigueur, la solidarité, le courage, la générosité et la foi. Une équipe qui a du cœur et qui peut rassembler, en outre, quelques talents individuels et la rigueur d'une défense extraordinaire, ne peut pas connaître l'échec. On en a eu la démonstration au cours d'une finale qui restera comme la plus aboutie, la plus généreuse, la plus offensive de toute l'histoire de la Coupe du Monde. Cette ultime finale du siècle a permis de façon merveilleuse et magique l'exploitation idéale de l'organisation, de la combativité, du génie français. Devant tant de valeurs réunies, même le talent unanimement reconnu du Brésil n'a pu s'exprimer.

Dans un Stade de France entièrement sous le charme, le Brésil a été dominé sans espoir de retour. Prise à la naissance de ses moindres intentions, la Seleçao n'a été que l'ombre d'elle-même. Et c'est bien cela aussi la force de l'équipe de France d'Aimé Jacquet, elle ne permet pas à ses adversaires d'exploiter leur potentiel. Elle est à la fois si puissante, si dynamique, si opiniâtre, si rapide et si habile qu'il est impossible, à l'équipe de Ronaldo, de construire ses actions et de la faire déjouer. La confiance qui est venue l'habiter au fil des jours lui a procuré une force supplémentaire et puisque tout le peuple de France l'a finalement entourée de toute son affection, et de son soutien, elle ne pouvait pas connaître l'échec...

La première mi-temps contre le Brésil constitue un véritable chef-d'œuvre au niveau de la réalisation de son savoir-faire. Quand tout fonctionne aussi bien, on atteint à la perfection. Il ne reste plus qu'à toucher les dividendes d'actions exemplaires. Et il est bien que cela soit l'œuvre du joueur le plus talentueux et le plus subtil de l'équipe de France. En effet, en marquant les deux premiers buts (de la tête), Zinédine Zidane est entré au Panthéon des meilleurs footballeurs du monde. La distinction de son jeu, sa technique, son génie le désignaient sans doute comme l'une des figures marquantes de ce Mondial, mais sa finale achève de le propulser au sommet. Derrière lui, tout le onze tricolore marche du même pas et quand Desailly est expulsé, on ne se rend même pas compte que la France joue à dix. Le Brésil n'en profite pas. Il sait desormais qu'il ne remportera pas son cinquième titre mondial. La France est imbattable. Elle devient gigantesque apres le troisième

"Seul le résultat compte. Je suis d'une génération où on disait :
-Ah, les Français, ils jouent bien - peut-être, mais on perdait toujours."
Aimé Jacquet - Sport's Magazine - Mai 1998

"Jadis, les artisans, pour être consacrés dans leur métier,
devaient réaliser ce qu'on appelait un chef-d'œuvre.
Le Mondial 98 aura été le chef-d'œuvre d'Aimé Jacquet, l'Artisan.
Avec un grand A."
Jean-Jacques Vierne - France Football - 21 Juillet 1998

PHOTO : STÉPHANE KEMPINAIRE (Le 2 Juin 1998 à Clairefontaine).

L'Équipe de France Championne du Monde

"Je sais que notre parcours restera comme l'aventure aboutie d'un groupe extraordinaire.
Ce que nous avons réalisé est fabuleux. C'est désormais gravé dans l'histoire pour l'éternité."
Didier Deschamps - Capitaine de l'Équipe de France

"Tout ce que j'ai dit, je l'ai fait."
Aimé Jacquet - Le 18 Juillet 1998

De gauche à droite, dernier rang :
Lilian Thuram n°15 (26 ans) - Fabien Barthez n°16 (27 ans) - Stéphane Guivarc'h n°9 (27 ans) - Roger Lemerre - Zinédine Zidane n°10 (26 ans) - Laurent Blanc n°5 (32 ans) - Bernard Lama n°1 (35 ans) - Patrick Vieira n°4 (22 ans).

De gauche à droite, deuxième rang :
Philippe Bergeroo - Christian Karembeu n°19 (27 ans) - Emmanuel Petit n°17 (24 ans) - Thierry Henry n°12 (20 ans) - Aimé Jacquet
Robert Pires n°11 (24 ans) - David Trezeguet n°20 (20 ans) - Vincent Candela n°2 (24 ans)
Youri Djorkaeff n°6 (30 ans) - Henri Émile.

De gauche à droite, premier rang :
Bernard Diomède n°13 (24 ans) - Christophe Dugarry n°21 (26 ans) - Marcel Desailly n°8 (29 ans) - Lionel Charbonnier n°22 (31 ans)
Alain Boghossian n°14 (27 ans) - Franck Leboeuf n°18 (30 ans) - Bixente Lizarazu n°3 (28 ans) - Didier Deschamps n°7 (29 ans).

L'encadrement
Sélectionneur et entraîneur : Aimé Jacquet - Délégué de la F.F.F. : Jean Verbeke - Délégué de la L.N.F. : Jean-Pierre Hureau
Entraîneur adjoint : Philippe Bergeroo - Intendance : Henri Emile - Médecin : Jean-Michel Ferret - Kinésithérapeutes : Philippe Boixel, Albert Gal, Thierry Laurent, Frédéric Mankowski - Chef de presse : Philippe Tournon
Officier de sécurité : Jean-Pierre Cantin - Responsables des équipements : Gilles Bocq et Diamantino de Faria.

Des 22 joueurs, seuls les gardiens, Bernard Lama et Lionel Charbonnier n'ont joué dans aucun match des sept matches de l'Équipe de France.

but de Petit. C'est le plus beau score enregistré dans une finale de Coupe du Monde. Le Brésil n'a jamais été battu de la sorte. C'est fantastique. Le jour de gloire du Football Français est arrivé. Et c'est toute la France qui est Championne du Monde... Mais auparavant, il y a eu cela...

BLANC, BLEUS ET OR...

Vivons-le en couleurs ce France-Paraguay qui nous fit vivre des émotions intenses, quelques terribles frayeurs, de l'inquiétude mal dissimulée et une délivrance achevée. Jusque-là, nos Bleus s'étaient gentiment confrontés à des Africains du Sud aux ambitions limitées et à des Saoudiens sans prétention. Seuls, les Vikings du Danemark leur ont donné un peu de fil à retordre, encore que ce match ne les ait pas vraiment obligés à puiser dans leurs réserves et à démontrer tout leur savoir. Ils sont encore... tout neufs au moment d'empoigner à Bollaert cette équipe paraguayenne qui ne nous disait pas grand-chose. Depuis le tour précédent, on sait qu'elle ne fait pas dans la dentelle. Son organisation tactique l'autorise, semble-t-il, à nourrir quelques ambitions, encore que son salut repose plus sur la solidité de son système défensif que sur l'habileté ou l'aisance de ses attaquants. À l'évidence, ceux-là ne devraient pas trop faire le poids face à nos gaillards d'arrière de plus en plus conscients de leur force et de leurs possibilités. Reste à résoudre, pour les Bleus, le problème d'une défense fermée comme une forteresse autour d'un gardien de but qui n'est pas seulement le gardien du temple, mais qui fait également office de patron et de guide. Chilavert est ce grand timonier qui sait à la fois

PHOTO : CHRISTOPHE GUIBBAUD (Le 12 juillet 1998 - Finale : Brésil - France à Saint-Denis).

"Il faut rendre à César ce qui est à César, c'est-à-dire à Aimé Jacquet."
Christophe Dugarry

cadenasser sa cage à double-tour et diriger la manœuvre de ses défenseurs avec la précision et la vista d'un véritable chef de guerre.
Les plus anciens qui se souviennent du formidable Lev Yachine reconnaissent que Chilavert a autant d'influence sur les siens qu'en avait le grand gardien au maillot noir.
Longtemps, on devra admettre que les gens du Paraguay ont un certain génie pour faire déjouer leurs adversaires. Les nôtres y perdent leur football, à défaut d'y perdre l'espoir. Ils bafouillent, ils balbutient quelques partitions pourtant si souvent apprises. Ils s'égarent dans d'inutiles combinaisons sans grande consistance que les autres se dépêchent de piétiner avec cette faculté incroyable qu'ils ont de détruire le rythme adverse. Autant dire qu'ils nous cassent les pieds...
La France découvre soudain qu'elle peut avoir peur, que le présent repose sur notre défense de fer, que nos attaquants de pointe ne semblent pas être dans leur assiette. Bref, qu'il suffirait de pas grand-chose pour nous donner des crampes d'estomac à mesure que ces rusés Paraguayens poussent l'audace et le talent jusqu'à venir aligner quelques contres dessinés sur le terrain comme autant de figures géométriques dangereuses...
Voilà que l'on découvre qu'ils nous entraînent jusqu'au bout de la peur, puisque les nôtres finissent par oublier qu'ils leur sont infiniment supérieurs et qu'ils consentent à tomber dans le piège de la guérilla, alors qu'il leur serait bien plus profitable de poser calmement leur football comme l'on pose un théorème. Les esprits échauffés, l'absence de Zidane, un certain manque de lucidité aussi, nous mènent, les uns et les autres,

PHOTO : LAURENT ZABULON (Le 12 Juillet 1998 - Finale : Brésil - France à Saint-Denis).

Michel Platini (en 1995, à Zinédine Zidane) :
"Je suis fier que ce soit toi qui porte le numéro 10 de l'Équipe de France."

L'ÉTERNITÉ
Ils ne vieilliront plus.
Au plus bel âge de la vie, les idoles bleues sont entrées dans l'éclatante éternité du football.
Et nos arrière-petits-enfants scruteront encore le visage sombre de détermination de Zinédine Zidane,
les vols de Fabien Barthez au-dessus du nid des attaquants brésiliens
ou les jaillissements somptueux de Marcel Desailly.
Claude Cabane - L'Humanité - 13 Juillet 1998

vers une prolongation qui peut se terminer en queue de poisson. La fatalité pèse alors sur le match de Lens comme une chape de plomb. Certes, il y a eu quelques tentatives tricolores qui nous donnent à penser que nous sommes encore les plus forts, mais cette histoire de but en or, le but qui tue, nous restitue des épisodes où la mort frappe aveuglément sans faire le tri entre les meilleurs et les autres. Il y a tout à craindre de ce genre d'affaire où la mort subite peut anéantir comme ça, d'un seul coup, des tonnes d'audace et de patience.

Les Bleus abordent heureusement cette épreuve avec bien plus de conviction que nous ne pouvions le supposer. Ils se serrent les coudes, regroupent leurs énergies, bousculent enfin l'ennemi jusqu'à l'enfermer dans son périmètre. Mais ils ne trouvent toujours pas la faille définitive, tournant et retournant leur impuissance ainsi qu'un chapelet entre des mains nerveuses. Ils essaient, ils osent, ils se multiplient. En vain!

Jusqu'à cette frappe lumineuse de la 114e minute. Cette reprise de Blanc qui met du bleu dans tous les cœurs. Chilavert, pour une fois, n'y peut rien. Et ce but qui vaut de l'or nous restitue alors l'image flamboyante d'une équipe tricolore qui peut donc voir la vie en rose... On peut encore rêver. C'est bien là l'essentiel.

PHOTO : STÉPHANE KEMPINAIRE

Les Bleus sont debout. Encore que, face aux Italiens, nos Bleus étaient en blanc. Mais l'espoir qu'ils entretiennent à grands coups d'énergie n'a que faire de ces changements de tuniques. L'habit, en l'occurrence, ne fait pas le moine. Les nôtres sont vêtus, en vérité, d'une solide cuirasse. Une armure qui leur permet, semble-t-il, de résister à toutes les charges. Car, personne, jusqu'ici, n'a manifesté dans ce Mondial autant de sérénité que le noyau dur serti autour de Fabien Barthez.

Cela suffit sans doute à enfler une confiance que rien ne contredit. Pas même cette Italie vice-championne du monde qui se fait méchamment chahuter sans qu'on la sente rebelle. Elle a soudain trouvé plus hermétique qu'elle, mieux organisé aussi. Le génie de Del Pierro est mis sous l'éteignoir d'un milieu de terrain français qui se ferme comme un cadenas. Et privé de munition, l'artilleur Christian Vieri en est réduit à user sa puissance dans des combats écourtés tantôt par la vigueur du tandem Blanc-Desailly, tantôt par la vigilance d'un Fabien Barthez qui sort de sa boîte à tous les coups comme un démon adoré. Il ressort aussi que le manque d'imagination italien doit inciter les nôtres à se faire plus conquérants, plus démonstratifs, plus gaulois en quelque sorte... Mais le côté le plus latin de notre entreprise la fait se calquer sur la manière d'être de sa rivale du moment. Même si Zinédine Zidane nous fait croire que son aisance et sa grâce finiront par piéger l'arrière-garde transalpine. Il ose, Zizou, mais les autres l'ont à l'œil. Ils lui abandonnent juste la liberté qu'il faut pour tisser dans son dos les mailles du filet qui doit l'emberlificoter. Et comme Djorkaeff n'a pas ici le petit grain de folie qui a si souvent sauvé la France, on est obligé de constater que les deux équipes qui se font face ont adopté les mêmes principes, parfois les mêmes défauts, sans qu'elles sachent vraiment comment s'y prendre pour surprendre l'adversaire.

La situation est fermée, figée dans des certitudes qui ne nous étonnent guère. Il y a belle lurette que l'on a compris, avec nos joueurs, que les Italiens n'ont pas l'envie de forcer le cours des événements. Ils se contentent de gérer timidement le quotidien. Et les joueurs d'Aimé qui montrent un peu plus d'allant se retiennent, semble-t-il, pour ne pas trop en faire, de peur de se faire punir par ceux qui se font précéder d'une solide réputation de rois du contre.

Ce n'est pas pour autant que la France de Jacquet nous donne l'impression d'être inquiète ou même fébrile. Au contraire, on la sent mature, solide, opiniâtre, mais pas assez dominatrice et conquérante pour faire rendre gorge à sa rivale. On espère tant la voir plus frétillante et incisive que l'on prend nos désirs pour des réalités lorsque "Aimé-la-science" nous offre Henry le voltigeur de pointe pour remplacer Karembeu le chien courant, et le culot de Trézéguet pour relayer le travail de sape de Guivarc'h. Jacquet sort habilement de sa logique. Il joue donc à fond la carte de l'offensive et cela nous plaît bien. Il s'ensuit une période faste où la France frôle plus d'une fois la victoire. Elle s'enhardit alors, oublie la vigilance qui lui donnait des airs de forteresse imprenable et prête le flanc à quelques incursions italiennes qui prennent d'autant plus de relief que Roberto Baggio est venu faire apprécier une présence à la fois intelligente et tactique à la place de la transparence coupable d'un Del Pierro insignifiant.

Cela ne nous rend pas craintifs, car nos arrières

Lundi 13 Juillet 1998, Paris, place de l'Étoile, 2h 05.
L'Arc de Triomphe est un écran géant.
Les visages des joueurs de l'équipe de France de football y défilent,
la mine sérieuse, le regard grave.
Ils recouvrent les bas-reliefs, les victoires et les maréchaux de Napoléon.
Ce soir, ce sont eux les vainqueurs.
Un projecteur invisible inscrit le nom des Champions du Monde.
La marée humaine qui bat par vagues joyeuses les façades de l'Arc
lève 1,5 million de paires de bras et acclame ses héros.
Zidane et Thuram déclenchent un tremblement de terre, Desailly et Deschamps le décollage de cent 747.
Trois jeunes beurettes hurlent le refrain de l'instant : "Si tu vas à Rio, n'oublie pas qu't'as pris 3-0."

Olivier Pérétie - Le Nouvel Observateur - 16 Juillet 1998

PHOTO : PASCAL RONDEAU (Le 12 Décembre 1995 à Paris, Carrousel du Louvre).

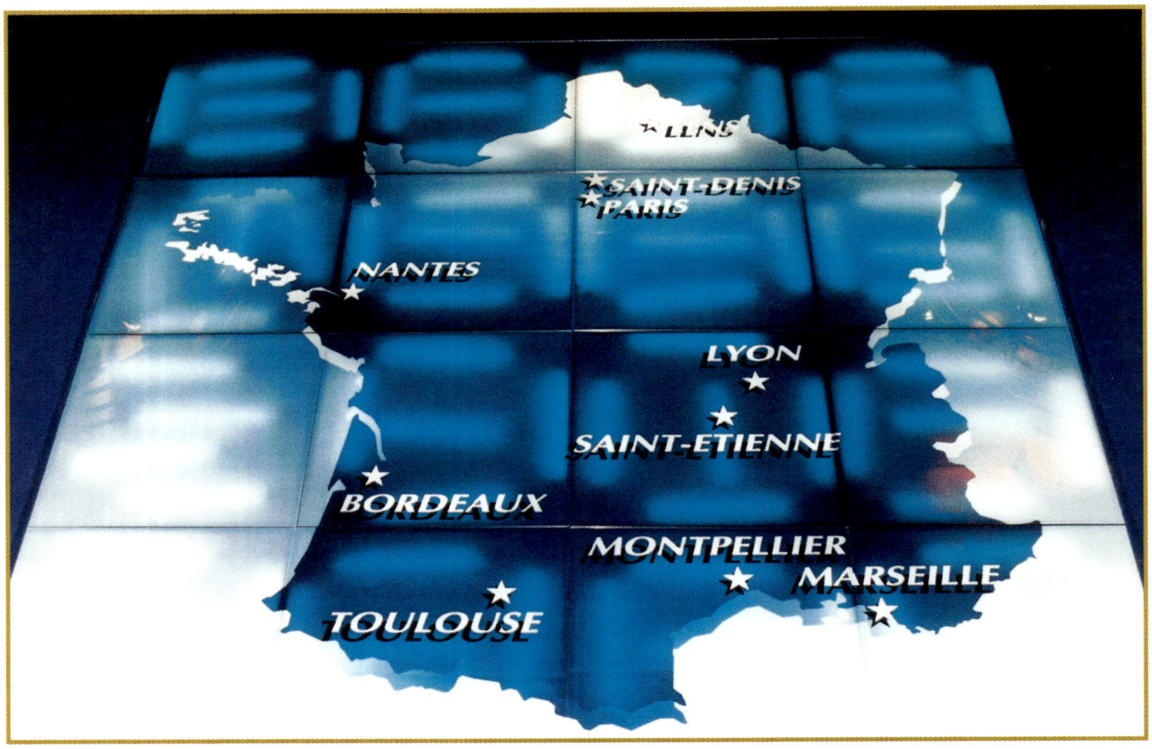

La Coupe du Monde en France
Du 10 Juin au 12 Juillet - 32 pays qualifiés - 10 villes organisatrices - 64 matches - 33 jours de compétition
Sur le podium : 1er France - 2e Brésil - 3e Croatie.

"La France a accueilli le monde
sur l'ensemble de son territoire
et les matches ont dessiné une nouvelle géographie."

Jacques Chirac - Paris Match - 23 Juillet 1998

Les villes et les stades de la 16e Coupe du Monde de Football en France:

Bordeaux	*: Stade du Parc Lescure*
Lens	*: Stade Félix-Bollaert*
Lyon	*: Stade De Gerland*
Marseille	*: Stade Vélodrome*
Montpellier	*: Stade de La Mosson*
Nantes	*: Stade de La Beaujoire*
Paris	*: Stade du Parc des Princes*
Saint-Denis	*: Stade de France*
Saint-Étienne	*: Stade Geoffroy-Guichard*
Toulouse	*: Stadium Municipal*

paraissent trop monumentaux pour présenter la moindre fissure à un moment ou à un autre. La rencontre s'alanguit. Elle s'éternise au-delà du temps réglementaire dans une prolongation que ne désavouent pas les deux protagonistes. Elles paraissent toutes deux tellement enfermées dans leur obsession du 0-0 qu'on ne les trouve ni déçues, ni véritablement fâchées d'en être arrivées là. Elles savent pourtant toutes les deux que l'une devra s'en aller sans espoir de retour. Et si ce n'est pas le but en or qui scellera leur destinée, c'est donc la séance de tirs aux buts.
Quand Lizarazu échoue sur Pagliuca, on n'a pas le temps de trembler car Fabien Barthez qui arrête la frappe d'Albertini nous regonfle de courage. Les jeunes, Trezeguet et Henry, ont de la mœlle. Ils imitent Zidane. On en est à trois partout quand Laurent Blanc le magnifique donne l'avantage aux siens. Et puis Di Biagio échoue sur la barre. C'est fini pour l'Italie. La France passe, et notre rêve peut continuer.

LES BLEUS JOUENT ET GAGNENT...!

Il se poursuivra jusqu'au bout car la Croatie, comme les autres, s'inclinera devant nos héros. C'était en demi-finale et les Bleus jouent et gagnent...!
Ils l'on fait. Ils sont en finale. Et avec eux, la France est en train de vivre un immense bonheur. Ils se sont donc qualifiés pour la finale. Comme des géants. Ils ont réalisé ce qu'aucune équipe de France n'avait réussi avant eux. Ni celle de Kopa et Fontaine en 1958. Ni celle de 1982 et celle de 1986 avec Michel Platini. À ce titre, ils méritent le respect de tous. D'ailleurs, tout le peuple de France se retrouve pour célébrer leurs louanges et leur reconnaître des vertus que l'on n'espérait plus. Ces Bleus-là ont de la trempe. Un tempérament hors norme. Et des qualités de vaillance et de solidarité extraordinaires. Ils en auront entendu des critiques concernant leurs capacités à aller de l'avant et lu sans doute encore plus d'âneries sur tels ou tels choix tactiques expérimentés par l'entraîneur.
Avec eux, Jacquet était en train de tracer sa route. Patiemment, avec méthode. Un boulot d'orfèvre dont certains autres, plus pressés, peu compétents, et en tout état de cause moins concernés, n'étaient pas à même d'appréhender la véritable portée. Aujourd'hui que le contrat est rempli, Aimé Jacquet doit être remercié pour l'ensemble de son œuvre. Pour sa vision futuriste de la chose, pour sa détermination et sa fidélité envers des principes établis de longue date, pour ne pas avoir cédé devant les critiques. Ils ne savaient pas ! Aimé, lui, savait ce qu'il voulait et comment y arriver. Sous une apparence bien conventionnelle, Aimé-le-sage est un sacré bonhomme. Et il nous plaît de lui rendre hommage. On peut dire que son équipe lui ressemble. Elle est solide, appliquée, apte à gérer toutes les situations avec beaucoup de grandeur d'âme. C'est une sacrée belle équipe, sans chichi ni tralala. Une équipe d'hommes qui sait se battre quand il le faut pour défendre ses idées. Jamais autant qu'avec elle, on n'avait mesuré à quel point l'Équipe de France était bien l'équipe de tous les Français.
Un autre mériterait d'être sanctifié. Un que l'on savait costaud, rapide, instinctif, explosif et tout, et tout... Un défenseur de tout premier plan. Sans doute un des tout meilleurs au monde. Mais un que l'on ne croyait pas capable de faire basculer un match à lui tout seul. Surtout un match de cette importance-là. Eh bien, Lilian Thuram a réussi l'irréalisable. Et s'ils sont tous aujourd'hui des héros, lui est devenu un dieu car c'est à lui que l'équipe de France doit son triomphe.
Pourtant, tout s'engage bien mal en début de seconde mi-temps dans cette demi-finale. La France n'a pas encore digéré une fin de première période laborieuse, et voilà qu'elle encaisse un but de Davor Suker que Thuram a laissé s'échapper. Tout autre que lui se serait mis à gamberger, se culpabilisant à l'infini. Lui veut se refaire une virginité. Là, maintenant, tout de suite. Le voilà qui fonce, de sa foulée ample et généreuse. Il ne voit que le but qui l'attire comme un aimant. Un relais avec Djorkaeff, et son tir part instinctivement, pas le temps de réfléchir. C'est pur, c'est limpide, c'est du délire. Car, au bout, il y a le but, l'égalisation, la remise en forme de tous nos espoirs.
Lilian est sur son nuage. Lui, le saint homme qui voulait se destiner à la prêtrise, se dit peut-être à ce moment-là qu'il est béni du ciel.

LES BLEUS AU CIEL...

Mais la France n'est pas encore tirée d'affaire. Elle est à la merci de la moindre erreur, d'un exploit croate. Alors, Lilian se pousse du coude une seconde fois pour faire le boulot. Il remet ça, repart sur son flanc droit, s'envole comme un météore. Ses adversaires ne peuvent suivre que sa trace. Thierry Henry l'aperçoit et lui adresse une passe que Jami intercepte. Mais rien, ni personne ne peut arrêter Thuram. Lilian s'accroche et arrache le ballon des pieds du Croate comme s'il s'agissait d'un objet de culte qu'on ne peut pas laisser aux Infidèles. Et Lilian tire une deuxième fois parce que peut-être, là-haut, Quelqu'un dicte son choix. La frappe est sublime. Encore plus belle quand elle remue les filets de Ladic pour le second but du triomphe.
Et passons si, quelques minutes plus tard, Laurent Blanc se fait injustement expulser. L'heure n'est plus au doute, ni à la tristesse. L'instant est historique.
L'histoire d'ailleurs, celle que l'on écrit avec un grand H, les rattrapera tous un peu plus tard pour un triomphe final que tout le pays vivra par procuration, avec émotion.
Comme si la France tout entière s'était mise en tête qu'elle pouvait être, elle aussi, conquérante.
Merci, les Bleus pour tout cela !... Merci Messieurs !

Le Séminaire et l'Événement dans un même Élan

Les Combinés Performance

Trois formules sur mesure pour associer une réunion ou une présentation de produits à une prestigieuse manifestation sportive ou artistique.

Stade de France

Contact Tél : 01 55 93 00 38 - Fax : 01 55 93 07 72

Les Combinés Performance

Placer les échanges professionnels
sous le signe de l'émotion et de la performance

Pour associer votre séminaire à un événement sportif (football, rugby, moto-cross...) ou culturel (concerts, grands spectacles), nous vous proposons des forfaits d'une demi-journée incluant :

- **Les meilleures places du Stade de France** *(Sièges Premiers)*
- **Des salons privatifs équipés en configuration "conférence"**
- **Une restauration assurée par des traiteurs renommés** *(Lenôtre, Raynier & Marchetti, Dalloyau, Passion Traiteur)*
- **Un accueil valorisant et personnalisé** *(Accueil VIP, décoration thématique, animations diverses)*
- **Une gamme variée de prestations optionnelles**

Formule Prestige

Forfait 1/2 journée

- **Repas gastronomique au Restaurant Panoramique**
- De 50 à 300 participants
- Sièges Premiers côté Tribune Présidentielle *(ouest)*
- Réunion et pauses en salons privatifs
- Cadeau souvenir du Stade de France

3 200 FHT*

Formule Luxe

Forfait 1/2 journée

- **Dîner assis dans un salon "Sièges Premiers"**
- A partir de 50 participants
- Sièges Premiers Luxe
- Réunion et pauses en salons privatifs

2 500 FHT*

Formule Cocktail

Forfait 1/2 journée

- **Cocktail dînatoire dans un salon "Sièges Premiers"**
- A partir de 50 participants
- Sièges Premiers Cocktail
- Réunion et pauses en salons privatifs

2 300 FHT*

DÉROULÉ PROPOSÉ

- 14 h 30 : Café d'accueil
- 15 h : Séminaire
- 17 h : Pause
- 17 h 30 : Séminaire
- 19 h 30 : Cocktail ou dîner assis
- 20 h 30 : Manifestation
- 22 h 30 : Buffet sucré

PRESTATIONS INCLUSES

Restauration
- Café d'accueil
- Pause
- Cocktail ou dîner

Equipements du salon
- Vestiaire, table d'accueil
- Table orateur
- Micro fixe + micro HF
- Ecran, rétroprojecteur
- Paperboard
- Téléphone interne

Accueil
- Parking *(1 place pour 4 invités)*
- Hôtesse d'accueil

PRESTATIONS OPTIONNELLES SUR DEMANDE

- Places de parking supplémentaires
- Hôtesses supplémentaires
- Equipements supplémentaires
- Cadeaux souvenirs
- Téléphone

Stade de France

*Ces tarifs s'entendent par personne et par demi-journée, hors billetterie (prix estimatifs : de 400 à 500 FTTC).

Contact Tél : 01 55 93 00 38 - Fax : 01 55 93 07 72

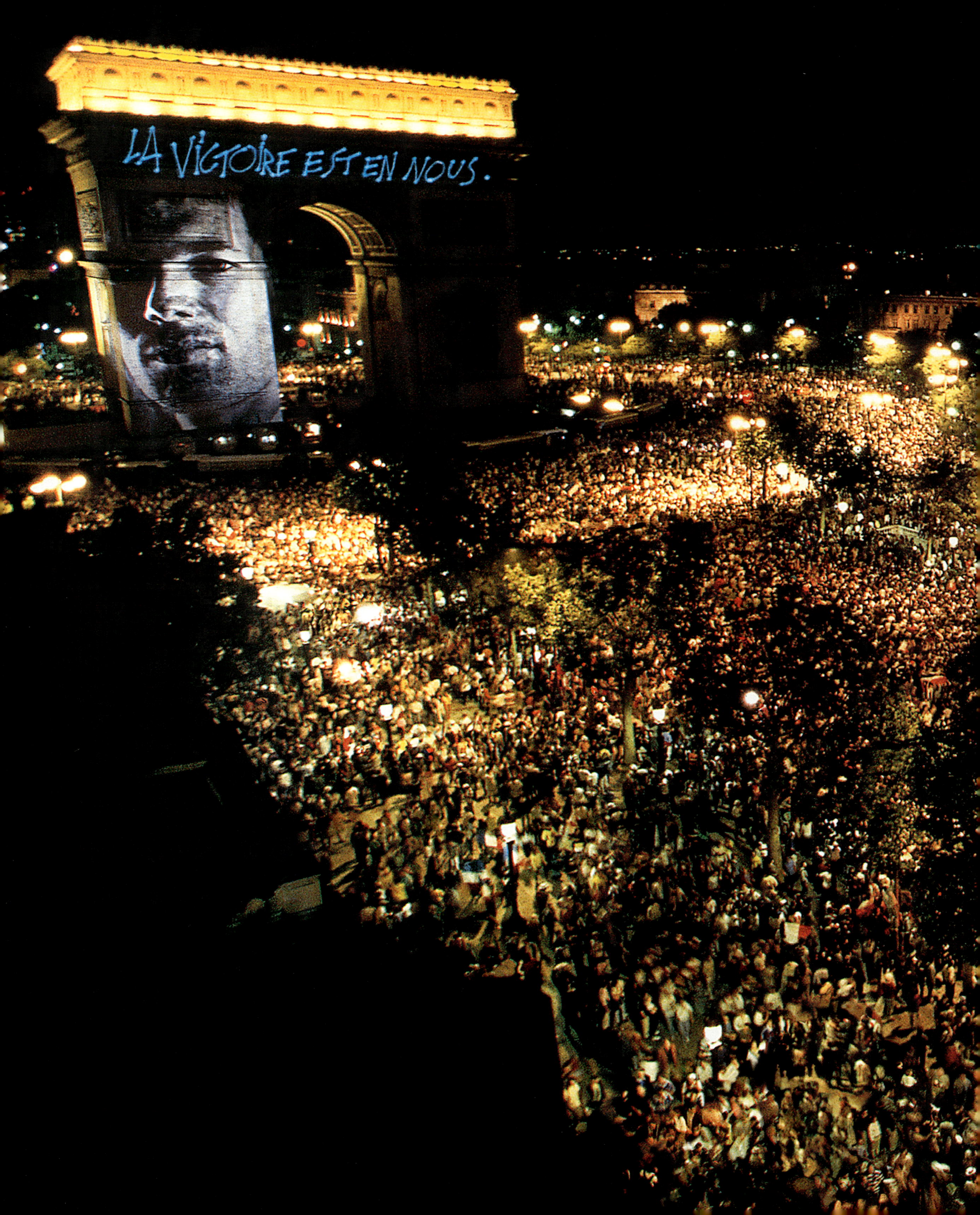
LA VICTOIRE EST EN NOUS.

" Vous savez, ce sport (le football) m'a permis de sortir de l'usine,
et toute ma vie est alors devenue un soleil."
Aimé Jacquet - Sport's Magazine - Mai 1998

Aimé Jacquet, à ses joueurs,
avant le premier match de la Coupe du Monde :
" Quel beau truc à vivre."
Les yeux dans les Bleus - Stéphane Meunier - Pour Canal+

Le Stade de France à Saint-Denis, déjà la vie en rose... pour les Bleus ?
PHOTO : BRUNO BADE

Légende des pages 16 & 17
12 Juillet 1998 - l'Arc de Triomphe au cœur de 58 millions de Français.
L'Équipe de France de Football remporte la 16e Coupe du Monde.
Les Bleus battent en finale le Brésil par 3-0 à Saint-Denis.
PHOTO : CHRISTOPHE GUIBBAUD

*"On criait sa joie dans les stades et devant les petits écrans.
Des foules déferlaient au cœur des villes pour partager leur enthousiasme
Chacun voulait faire part de son allégresse et décrire les émotions ressenties."*
Georges Suffert - Le Figaro Magazine - 18 Juillet 1998

Pour les supporters français du "Grand Stade" le rêve peut commencer... en douceur.
La France se qualifie déjà pour les huitièmes de finale.
Mais Christophe Dugarry sort sur une civière, sérieusement blessé,
et Zinédine Zidane est suspendu pour deux matches.
SAINT-DENIS - 18 JUIN - PREMIER TOUR : FRANCE - ARABIE-SAOUDITE 4-0
PHOTO : RICHARD MARTIN

Les photographes ont beaucoup aimé cette image, pas spécialement cette fois pour "l'art photographique", mais plutôt pour... la beauté du geste.
LYON - 21 JUIN - PREMIER TOUR : ÉTATS-UNIS - IRAN 1-2
PHOTO : STÉPHANE KEMPINAIRE

Cool le... protocole ? Cool ! Nous on aime aussi nos supporters. Signé : l'équipe de la Jamaïque!
LENS - 14 JUIN - PREMIER TOUR : JAMAÏQUE - CROATIE 1-3
PHOTO : GÉRARD VANDYSTADT

Les Chiliens prennent aussi "la pose" après le match. Une qualification... renversante pour Javier Margas entre Nelson Tapia et Ronaldo Fuentes.
NANTES - 23 JUIN - PREMIER TOUR : CHILI - CAMEROUN 1-1
PHOTO : RICHARD MARTIN

Le parcours des Roumains en tous cas ne fut pas rose.
SAINT-DENIS - 26 JUIN - PREMIER TOUR : ROUMANIE - TUNISIE 1-1
PHOTO : DAVID CANNON

ENTRÉE DES ARTISTES : numéro 10 Zinédine Zidane - France.
SAINT-DENIS - 8 JUILLET 1998 - DEMI-FINALE : FRANCE - CROATIE 2-1
PHOTO : GÉRARD VANDYSTADT

Pelé (parlant de Zinédine Zidane) :
"Pour moi c'est indiscutable, il est le meilleur joueur de cette Coupe du Monde.
La plus belle que j'ai vue depuis 1970 "

Numéro 9 (Luis Nazario de Lima) Ronaldo - Bresil.
NANTES - 16 JUIN 1998 - PREMIER TOUR : BRÉSIL - MAROC 3-0
PHOTO : ROSS KINNAIRD

Ronaldo, le joueur brésilien le plus craint des Français ?
SAINT-DENIS - 12 JUILLET 1998 - FINALE : BRÉSIL - FRANCE 0-3
PHOTO : CHRISTOPHE GUIBBAUD

ÉQUILIBRE : Francesco Moriero - Italie.
SAINT-DENIS - 23 JUIN 1998 - PREMIER TOUR : ITALIE - AUTRICHE 2-1
PHOTO : PHIL COLE

Zinédine Zidane, le joueur préféré des Croates ?
SAINT-DENIS - 8 JUILLET 1998 - DEMI-FINALE : FRANCE - CROATIE 2-1
PHOTO : GÉRARD VANDYSTADT

PUISSANCE : Edgar Davids - Pays-Bas.
MARSEILLE - 20 JUIN - PREMIER TOUR : PAYS-BAS - CORÉE DU SUD 5-0
PHOTO : FRÉDÉRIC NEBINGER

"C'est la victoire d'Aimé Jacquet d'abord,
des joueurs ensuite, puis de la Fédération
et de Fernand Sastre qui a voulu cette Coupe du Monde."
Michel Platini - Au journal l'Équipe - Le 12 Juillet 1998

Observer, anticiper, capter, cadrer, shooter, tirer etc. sont des expressions et des talents communs aux footballeurs et aux photographes, le tout à la volée...
Quand il y a conjonction dans l'action, il y a... photo !
MONTPELLIER - 12 JUIN - PREMIER TOUR : PARAGUAY - BULGARIE 0-0
PHOTO : LAURENT ZABULON

"Bien sûr, ce n'était que du football.
Mais quand le football fait oublier ses crampes ancestrales à un pays et qu'il le rend plus tolérant,
plus généreux et même - osons le mot - plus intelligent, on en redemande.'
Henri Haget - L'Express - 16 Juillet 1998

Dans ce match, Zinédine Zidane n'eut pas toujours... "bon pied, bon œil !"
SAINT-DENIS - 18 JUIN 1998 - PREMIER TOUR : FRANCE - ARABIE-SAOUDITE 4-0
PHOTO : RICHARD MARTIN

Derniers rugissements de l'équipe du Cameroun. Troisième et dernier match des "lions" - blessés, diminués et achevés - par l'arbitrage de monsieur Laszlo Vagner (Hongrie).
Dommage, à la prochaine fois.
NANTES - 23 JUIN - PREMIER TOUR : CHILI - CAMEROUN 1-1
PHOTO : CHRISTOPHE GUIBBAUD

Les Roumains ont été "serrés" de près par les Croates : Viorel Moldovan n° 9, ici entre Dario Simic n° 20 et Igor Tudor n° 15.
Dernier embarquement pour l'envol des Croates... Destination Allemagne puis France en demi-finale.
BORDEAUX - 30 JUIN - HUITIÈMES DE FINALE : ROUMANIE - CROATIE 0-1
PHOTO : FRÉDÉRIC NEBINGER

Samir Trabelsi et Paul Scholes. L'Anglais a souvent déstabilisé la défense tunisienne et l'a envoyée définitivement à terre d'un tir des 18 mètres à la 90e minute.
MARSEILLE - 15 JUIN - PREMIER TOUR : ANGLETERRE - TUNISIE 2-0
PHOTO : FRÉDÉRIC NEBINGER

Christian Vieri, Luigi Di Biagio et Dino Baggio (Italie). La Squadra a fait " valser " les Autrichiens...
SAINT-DENIS - 23 JUIN - PREMIER TOUR : ITALIE - AUTRICHE 2-1
PHOTO : FRÉDÉRIC NEBINGER

Imed Ben Younes et David Batty, football ou foothead ?
MARSEILLE - 15 JUIN - PREMIER TOUR : ANGLETERRE - TUNISIE 2-0
PHOTO : STU FORSTER

L'équipe roumaine de Viorel Moldovan se heurte à une équipe croate très ambitieuse pour son premier Mondial...
Voie sans issue pour les " jaunes ".
BORDEAUX - 30 JUIN - HUITIÈMES DE FINALE : ROUMANIE - CROATIE 0-1
PHOTO : LAURENT ZABULON

lotto
FIFA WORLD CUP FRANCE 98
4
adid

"Ce titre est le plus beau qui soit (...).
Il faut passer par beaucoup de souffrances pour être champion du monde."
Bixente Lizarazu

Fiertés patriotiques ...
MARSEILLE - 15 JUIN - PREMIER TOUR : ANGLETERRE - TUNISIE 2-0
PHOTO : GÉRARD CECCALDI

Légende des pages 32 & 33
Bogdan Stelea, le gardien roumain, en combat aérien avec le Croate Goran Vlaovic. Davor Suker lui infligera l'unique but de la rencontre sur penalty.
BORDEAUX - 30 JUIN - HUITIÈMES DE FINALE : ROUMANIE - CROATIE 0-1
PHOTO : CHRISTOPHE GUIBBAUD

Regarder vers les tribunes : une bonne façon de réviser ses connaissances des couleurs nationales de 32 pays !
SAINT-DENIS - 26 JUIN - PREMIER TOUR : ROUMANIE - TUNISIE 1-1
PHOTO : STÉPHANE KEMPINAIRE

Emmanuel Petit : après FRANCE - PARAGUAY, à Lens, le 28 Juin...
"Je suis toujours surpris de voir l'importance que peut avoir le football dans le monde,
même si pour moi, c'est ma passion, mon métier... depuis tout gosse, j'ai été là-dedans.
Je ne comprendrai jamais pourquoi les gens se battent pour un match de foot.
Je ne comprendrai jamais pourquoi il y a tant de haine qui entoure ça !
Il faut que ça reste un jeu."
Les yeux dans les Bleus - Stéphane Meunier pour Canal+

Les supporters japonais : adorables, dynamiques, disciplinés et respectueux...
Ils n'oublient pas de nettoyer leurs places avant de quitter le stade!
TOULOUSE - 14 JUIN - PREMIER TOUR : ARGENTINE - JAPON 1-0
PHOTO : LAURENCE GRIFFITHS

Déjà en tête : la Coupe du Monde 2002 au Japon et en Corée du Sud.
NANTES - 20 JUIN - PREMIER TOUR : JAPON - CROATIE 0-1
PHOTO : SHAUN BOTTERILL

(...)"mais je suis un vrai paysan et fier de l'être.
C'est un monde fabuleux !
La vie au grand air, le temps au temps, le soleil au soleil.
Les clichés, quoi ! Ce monde-là n'a rien à voir avec le milieu superficiel du football."
Aimé Jacquet - Sport's Magazine - Mai 1998

Futur supporter... au féminin.
PARIS - 19 JUIN - PREMIER TOUR : NIGERIA - BULGARIE 1-0
PHOTO : BRUNO BADE

Légende des pages 38 & 39
La "petite" équipe de Corée du Sud humilie... la Belgique, et les supporters coréens font le spectacle.
PARIS - 25 JUIN - PREMIER TOUR : BELGIQUE - CORÉE DU SUD 1-1
PHOTO : GÉRARD VANDYSTADT

"Ils sont rares ceux qui peuvent donner un moment de bonheur
à tout un peuple pacifiquement rassemblé dans ses différences et par ses différences.
Merci pour ce bonheur, Aimé Jacquet."
Henri Amouroux - Le Figaro Magazine - 18 Juillet 1998

La valeur des vrais supporters n'attend pas le nombre des années.
LENS - 24 JUIN - PREMIER TOUR : ESPAGNE - BULGARIE 6-1
PHOTO : FRÉDÉRIC NEBINGER

Les hommes d'abord - certes - mais les femmes et les enfants aussi... Ils ont de 7 à 77 ans, parfois un peu moins, souvent un peu plus !
L'immense majorité des supporters de ce Mondial 1998 sont très très sympas.
MONTPELLIER - 10 JUIN - PREMIER TOUR : MAROC - NORVÈGE 2-2
PHOTO : RICHARD MARTIN

*"On n'était pas accueilli par des Marseillais ou par des Lyonnais,
mais par notre public... un Public.
On a réuni la France."*
Youri Djorkaeff

Ils sont venus, ils sont tous là, de Bretagne et de Navarre, du Nord et du Sud de l'Est et de l'Ouest... les supporters.
Fiers comme des coqs et tricolores comme la victoire rêvée par toute la France.
SAINT-DENIS - 8 JUILLET - DEMI-FINALE : FRANCE - CROATIE 2-1
PHOTO : STÉPHANE KEMPINAIRE

FRANCE - ITALIE : "Plus le match s'éternisait, plus le terrain me semblait immense et les joueurs minuscules. Je n'en voyais plus le bout !" Emmanuel Petit.

Fabien Barthez : ROYAL.
SAINT-DENIS - 3 JUILLET - QUARTS DE FINALE : FRANCE - ITALIE 0-0 (4-3 T.A.B.)
PHOTO : STÉPHANE KEMPINAIRE

Pierre Arditi (propos d'avant Coupe du Monde) : "Il faut cesser de penser que cette équipe de France est une équipe de ringards, dirigée par un ringard !... On en reparlera après !"

TF1 - émission "Champions du Monde" - 18 Juillet 1998

Jurgen Klinsmann : IMPÉRIAL.
PARIS - 15 JUIN - PREMIER TOUR : ALLEMAGNE - ÉTATS-UNIS 2-0
PHOTO : STÉPHANE KEMPINAIRE

"Cette équipe de France va vous étonner !"
Youri Djorkaeff - Le Sport - Juin 1998

La France fait maintenant partie des 7 pays ayant remporté la Coupe du Monde de Football.

1930 : URUGUAY	*1970 : BRÉSIL*
1934 : ITALIE	*1974 : RFA*
1938 : ITALIE	*1978 : ARGENTINE*
1950 : URUGUAY	*1982 : ITALIE*
1954 : RFA	*1986 : ARGENTINE*
1958 : BRÉSIL	*1990 : RFA*
1962 : BRÉSIL	*1994 : BRÉSIL*
1966 : ANGLETERRE	*1998 : FRANCE*

Coup franc de Sinisa Mihajlovic (Yougoslavie)... Jurgen Klinsmann (Allemagne) encaisse.
Mais "le vieux mur" allemand tombera définitivement contre la Croatie en quarts de finale.
LENS - 21 JUIN - PREMIER TOUR : ALLEMAGNE - YOUGOSLAVIE 2-2
PHOTO : GÉRARD VANDYSTADT

Coup franc de Roberto Carlos (Brésil)... "MUR ATTITUDE" des Écossais.
SAINT-DENIS - 10 JUIN - PREMIER MATCH DE LA COUPE DU MONDE : BRÉSIL - ÉCOSSE 2-1
PHOTO : FRÉDÉRIC NEBINGER

Marc Wilmots (Belgique), buteur de haut vol.
BORDEAUX - 20 JUIN - PREMIER TOUR : BELGIQUE - MEXIQUE 2-2
PHOTO : LAURENT ZABULON

Claudio Suarez (Mexique), prise de tête.
LYON - 13 JUIN - PREMIER TOUR : CORÉE DU SUD - MEXIQUE 1-3
PHOTO : RICHARD MARTIN

Manuel Neira (Chili), une tête d'avance sur Rigobert Song (Cameroun).
NANTES - 23 JUIN - PREMIER TOUR : CHILI - CAMEROUN 1-1
PHOTO : CHRISTOPHE GUIBBAUD

Ronald De Boer (Pays-Bas) et Yoo Sang Chul (Corée), duettistes.
MARSEILLE - 20 JUIN - PREMIER TOUR : PAYS-BAS - CORÉE 5-0
PHOTO : FRÉDÉRIC NEBINGER

Davor Suker (Croatie) et Lothar Matthäus (Allemagne), synchronisme...
LYON - 4 JUILLET - QUARTS DE FINALE : ALLEMAGNE - CROATIE 0-3
PHOTO : ROSS KINNAIRD

Fabio Cannavaro (Italie) et Youri Djorkaeff, "football artistique"...
SAINT-DENIS - 3 JUILLET - QUARTS DE FINALE : FRANCE - ITALIE
PHOTO : STÉPHANE KEMPINAIRE

Didier Deschamps (France) et Lucas Radebe (Afrique du Sud), collision.
MARSEILLE - 12 JUIN - PREMIER TOUR : FRANCE - AFRIQUE DU SUD
PHOTO : CHRISTOPHE GUIBBAUD

Le gardien Gianluca Pagliuca (Italie) et son "frère siamois" !
SAINT-DENIS - 23 JUIN - PREMIER TOUR : ITALIE - AUTRICHE 2-1
PHOTO : GÉRARD VANDYSTADT

Le Japon, coorganisateur en 2002 de la 17e Coupe du Monde a démontré en France,
avec ses joueurs et ses supporters un "très gros cœur" et son amour fou du foot !

Gabriel Batistuta (Argentine) et Yutaka Akita (Japon), un seul ballon pour deux... en compétition, c'est la règle !
TOULOUSE - 14 JUIN - PREMIER TOUR : ARGENTINE - JAPON 1-0
PHOTO : STU FORSTER

"C'est dans l'adversité que l'équipe de France a accompli de grandes choses.
Cette équipe avait du cœur, de la générosité.
Elle avait envie que le drapeau français flotte en son point le plus haut."

Aimé Jacquet

Luis Hernandez (Mexique) et Vital Borkelmans (Belgique), duel au soleil.
BORDEAUX - 20 JUIN - PREMIER TOUR : BELGIQUE - MEXIQUE 2-2
PHOTO : STÉPHANE KEMPINAIRE

Match contrasté ! Un très beau score pour la France, et le poids des ennuis pour les deux amis, Dugarry et Zidane.
Christophe est blessé et Zinédine expulsé pour deux matches.

Christophe Dugarry et le "marquage volant" d'Abdullah Zebermaoui.
SAINT-DENIS - 18 JUIN - PREMIER TOUR : FRANCE - ARABIE SAOUDITE 4-0
PHOTO : SHAUN BOTTERILL

Les "Eagles" nigérians ont bien "survolé" les Espagnols... La preuve, cette photo de Mobi Oparaku, passant au-dessus d'une proie !
NANTES - 13 JUIN - PREMIER TOUR : ESPAGNE - NIGÉRIA 2-3
PHOTO : SHAUN BOTTERILL

Dans le "concours de lancer de jambes", Thierry Henry et Slaven Bilic... Le n° 6 de la Croatie, à côté de ses crampons ?
SAINT-DENIS - 8 JUILLET - DEMI-FINALE : FRANCE - CROATIE 2-1
PHOTO : CLIVE BRUNSKILL

Plein le dos... Davor Suker (Croatie) et Yutaka Akita (Japon).
NANTES - 20 JUIN - PREMIER TOUR : JAPON - CROATIE 0-1
PHOTO : GÉRARD VANDYSTADT

Taribo West (Nigeria), l'art de "retourner" le ballon sans se décoiffer !
TOULOUSE - 24 JUIN - PREMIER TOUR : NIGÉRIA - PARAGUAY 1-3
PHOTO : STU FORSTER

Ivaylo Petkov (Bulgarie)... ou comment freiner les ardeurs adverses
PARIS - 19 JUIN - PREMIER TOUR : NIGÉRIA - BULGARIE 1-0
PHOTO : RICHARD MARTIN

Miroslav Blazevic (entraîneur de l'équipe croate, à propos de Slaven Bilic avant France - Croatie) :
"C'est le détonateur de notre équipe."

(...) Et Laurent Blanc, comment a-t-il réagi lorsqu'une expulsion injustifiée l'a privé de finale ?
"L'arbitre a dû croire que j'avais fait un geste violent. Il était loin de l'action.
Je pensais qu'il allait m'avertir.
Quand il a sorti le carton rouge, il n'y avait plus rien à faire, sinon respecter sa décision et quitter le terrain."
Pour les gamins des banlieues, il y a des attitudes de footballeurs qui parlent plus qu'une année d'instruction civique.
Henri Haget - L'Express - 16 Juillet 1998

CHIFFRES : les cartons du Mondial 1998...
Cartons jaunes (258), Cartons rouges (22).
NANTES - 16 JUIN - PREMIER TOUR : BRÉSIL - MAROC 3-0
PHOTO : RICHARD MARTIN

Le désolant carton rouge de Monsieur Garcia Aranda pour Laurent Blanc…
Le rouge de la honte sera finalement pour Slaven Bilic qui a réussi à tromper l'arbitre
et à ainsi provoquer la privation de finale pour le Français.
"La catastrophe, elle est personnelle, mais l'équipe continuait son aventure et c'était le plus important.
On a vécu quelque chose d'exceptionnel." Laurent Blanc.
SAINT-DENIS - 8 JUILLET - DEMI-FINALE : FRANCE - CROATIE 2-1
PHOTO : LAURENT ZABULON

Les visages sont des oriflammes...
BORDEAUX - 16 JUIN - PREMIER TOUR : ÉCOSSE - NORVÈGE 1-1
PHOTO : LAURENCE GRIFFITH

Le football (selon l'ethnologue Christian Bromberger) :
"La plus sérieuse des bagatelles du monde."

L'universalité du football, le sport de monsieur tout-le-monde
et de madame n'importe-qui, l'un et l'autre domiciliés n'importe où.
Gérard Ernault - France Football - 9 Juin 1998

... Avec toutes les couleurs d'une même passion pour le football !
PARIS - 15 JUIN - PREMIER TOUR : ALLEMAGNE - ETATS-UNIS 2-0
PHOTO : GÉRARD VANDYSTADT

Les femmes : elles ont adoré ça.
D'ailleurs, on les a vues partout. Dans les stades, dans les rues, dans les cafés.
Maquillées comme des étendards, faisant de l'oeil aux caméras. Hurlant pour un penalty raté, puis dansant pour l'oublier.
Des princesses d'une insolente beauté, venues de Kingston, de Copenhague ou de Yaoundé.
Et même des Mariannes, qui, au cœur de la nuit, mettaient le feu sur les Champs-Elysées.
A vous aussi, merci. Si le football a - presque - laissé au vestiaire ses pulsions destructrices,
son image de machisme imbécile et ses excès de chauvinisme imbibé, c'est un peu - c'est beaucoup - grâce à vous.
Henri Haget - L'Express - 16 Juillet 1998

Image de fraternité, dans un monde plus beau, il n'y a pas loin de la coupe... aux lèvres !
LYON - 21 JUIN - PREMIER TOUR : ÉTATS-UNIS - IRAN 1-2
PHOTO : LAURENT ZABULON

À l'occasion d'un match "politico-sportif"... très médiatique, 15 000 Iraniens (la plupart résidant en Europe), font la fête à grands renforts de bannières aux couleurs nationales de l'équipe d'Iran, vert-blanc-rouge, de T-shirts et banderoles à l'effigie de l'opposition.

Depuis 20 ans, l'Iran n'avait plus participé à une Coupe du Monde. Mademoiselle, reviendrez-vous ? Vous êtes si jolie !
LYON - 21 JUIN - PREMIER TOUR : ÉTATS-UNIS - IRAN 1-2
PHOTO : STU FORSTER

"Disons le tout net :
la France de 1998 ne nous inspire pas la confiance de l'équipe de 1986."
Gérard Ernault - France Football - 9 Juin 1998

À propos des joueurs de l'équipe de France :
"Aimé les tous", ils vous le rendront au centuple.
Daniel Jeandupeux - France Football - 9 Juin 1998

Dans ce match, Davor Suker marqua sur penalty. Il dut s'y reprendre à deux fois pour battre le gardien roumain, Bogdan Stelea.
BORDEAUX - 30 JUIN - HUITIÈMES DE FINALE : ROUMANIE - CROATIE 0-1
PHOTO : CHRISTOPHE GUIBBAUD

"Le Président de la République m'a dit qu'il s'entraînait depuis longtemps à nous remettre cette coupe. Je lui ai répondu que nous nous entraînions sur le terrain depuis des mois pour cela."
Didier Deschamps (Capitaine de l'équipe de France).

César Sampaio marque le premier but du Brésil (premier but du Mondial 1998) après 4 minutes et 48 secondes de jeu. Le gardien écossais a l'air surpris...
SAINT-DENIS - 10 JUIN - PREMIER TOUR : BRÉSIL - ÉCOSSE 2-1
PHOTO : SHAUN BOTTERILL

"Michel Platini m'a dit au moment d'aller chercher la coupe, de bien goûter ces moments uniques, de bien prendre mon temps."
Didier Deschamps

EXPRESSION : Le capitaine yougoslave Dragan Stojkovic ne dissimule pas son bonheur quand "son" but... est atteint.
LENS - 21 JUIN - PREMIER TOUR : ALLEMAGNE - YOUGOSLAVIE 2-2
PHOTO : RICHARD MARTIN

Aimé Jacquet (aux joueurs de l'Équipe de France, le 12 Juin avant le match France - Afrique du Sud) :
"On a rendez-vous avec l'histoire à 21 heures."
Les yeux dans les Bleus - Stéphane Meunier pour Canal+

IMPRESSION : Sur les stades, elles se sont toutes trouvées très... belles, aux pieds de Luis Hernandez.
Les yeux du buteur mexicain ont beaucoup impressionné les nouvelles "fans-femmes" venues découvrir les charmes du football !
MONTPELLIER - 29 JUIN - HUITIÈMES DE FINALE : ALLEMAGNE - MEXIQUE 2-1
PHOTO : CHRISTOPHE GUIBBAUD

Gabriele Batistuta, "Batigol" a marqué dans le but de Yoshikatsu Kawaguschi, le gardien japonais. Sa joie est aussi forte que sa... frappe de balle !
TOULOUSE - 14 JUIN - PREMIER TOUR : ARGENTINE - JAPON 1-0
PHOTO : STU FORSTER

Leur joie sera de courte durée, mais David Beckham et Michel Owen l'expriment pleinement... pour l'instant.
Le plus jeune international anglais de tous les temps (18 ans), vient d'égaliser.
TOULOUSE - 22 JUIN - PREMIER TOUR : ROUMANIE - ANGLETERRE 2-1
PHOTO : RICHARD MARTIN

Francesco Moriero (Italie)... EXPLOSIF !
MARSEILLE - 27 JUIN - HUITIÈMES DE FINALE : ITALIE - NORVÈGE 1-0
PHOTO : RICHARD MARTIN

Brian Laudrup (Danemark)... HEU-REUX !
SAINT-DENIS - 28 JUIN - HUITIÈMES DE FINALE : NIGÉRIA - DANEMARK 1-4
PHOTO : RICHARD MARTIN

Coup de mistral... Christophe Dugarry, sur un corner de son ami Zinédine Zidane,
inscrit de la tête le premier but de la France dans ce Mondial. Il l'appelle lui-même : "le but de la délivrance."
PHOTO : RICHARD MARTIN

Une joie immense, une belle revanche... "Dugarry - Dugâchis" (la Presse). "J'avais faim de victoire et de reconnaissance..."
MARSEILLE - 12 JUIN - PREMIER MATCH DE LA FRANCE : FRANCE - AFRIQUE DU SUD 3-0
PHOTO : CHRISTOPHE GUIBBAUD

"La période qui a précédé ce match (FRANCE - AFRIQUE DU SUD) restera toujours ma plus grande déception. Je n'oublierai jamais, c'est impossible. Je ne méritais pas tant de haine." Christophe Dugarry.

Le bonheur est dans le pré ! La victoire sur l'Italie donne des ailes à Marcel Desailly qui s'envole de plaisir... La France est en demi-finale !
SAINT-DENIS - 3 JUILLET - QUARTS DE FINALE : FRANCE - ITALIE 0-0 (4-3 T.A.3.)
PHOTO : BEN RADFORD

"Je garderai une image d'Aimé Jacquet, celle où il est sur les épaules de Thuram, après la victoire. C'était beau, il était heureux."
Marcel Desailly - L'Equipe - 14 Juillet 1998

Le réveil des champions du monde 1994 : Ronaldo en pleine forme marque 2 buts.
PARIS - 27 JUIN - HUITIÈMES DE FINALE : BRÉSIL - CHILI 4-1
PHOTO : SHAUN BOTTERILL

Simone Daval, Maire :
"Au moins, maintenant, on sait où se trouve Sail-sous-Couzan !"
(village natal d'Aimé Jacquet, dans la Loire).

Le charme de Suzanna Werner... la plus photographiée des supporters de la Seleçao et fiancée de l'heureux "Ronaldinho."
PARIS - 27 JUIN - HUITIÈMES DE FINALE : BRÉSIL - CHILI 4-1
PHOTO : STÉPHANE KEMPINAIRE

Les 3 buts de la Croatie inscrits par Stanic, Prosinecki et Suker ne laissent aucune chance à la Jamaïque. Davor Suker laisse éclater sa joie.
LENS - 14 JUIN - PREMIER TOUR : JAMAÏQUE - CROATIE 1-3
PHOTO : SHAUN BOTTERILL

Davor Suker marque à la 46e minute le premier but du match. La France entière chavire d'angoisse.
À cet instant le talentueux Croate ne craint rien ni personne... et à Zagreb le bonheur est partout... pour 60 petites secondes !
SAINT-DENIS - 8 JUILLET - DEMI-FINALE : FRANCE - CROATIE 2-1
PHOTO : STÉPHANE KEMPINAIRE

L'unique but marqué dans ce match est de qui ?... de Davor Suker bien sûr, à la 45e minute, sur penalty. Planant Davor !
Les meilleurs buteurs du Mondial 1998 :
Suker (Croatie) 6 - Batistuta (Argentine) 5 - Vieri (Italie) 5 - Hernandez (Mexique) 4 - Ronaldo (Brésil) 4 - Salas (Chili) 4.
BORDEAUX - 30 JUIN - HUITIÈMES DE FINALE : ROUMANIE - CROATIE 0-1
PHOTO : FRÉDÉRIC NEBINGER

Le triomphe de l'Iran sur les États-Unis, un moment d'histoire ! Le gardien iranien Ahmad Abedzadeh... Victoire et prière.
LYON - 21 JUIN - PREMIER TOUR : ÉTATS-UNIS - IRAN 1-2
PHOTO : STU FORSTER

L'Argentin Carlos Roa... "La joie solitaire du gardien de but."
BORDEAUX - 26 JUIN - PREMIER TOUR : ARGENTINE - CROATIE 1-0
PHOTO : RICHARD MARTIN

Desailly - Henry - Deschamps - Thuram, le héros (n° 15) - Djorkaeff - Zidane... En football, la meilleure façon d'y arriver : rêver, y croire, marquer, s'aimer... et rêver à nouveau ...de victoire finale !
SAINT-DENIS - 8 JUILLET - DEMI-FINALE : FRANCE - CROATIE 2-1
PHOTO : LAURENT ZABULON

(...) "La chanson de geste s'écrit, chapitre après chapitre.
La France regarde et attend.
La France ouvre les portes de sa curiosité, de son plaisir, de ses affections.
La France s'inquiète et se passionne.
La France crie sa joie ensemble et voudrait que ce 12 Juillet ne s'achève jamais."
Jacques Chirac - Paris Match - 22 Juillet 1998

Chaude ambiance fraternelle pour la Croatie après le penalty réussi de Davor Suker à la 45e minute.
BORDEAUX - 30 JUIN - HUITIÈMES DE FINALE : ROUMANIE - CROATIE 0-1
PHOTO : SHAUN BOTTERILL

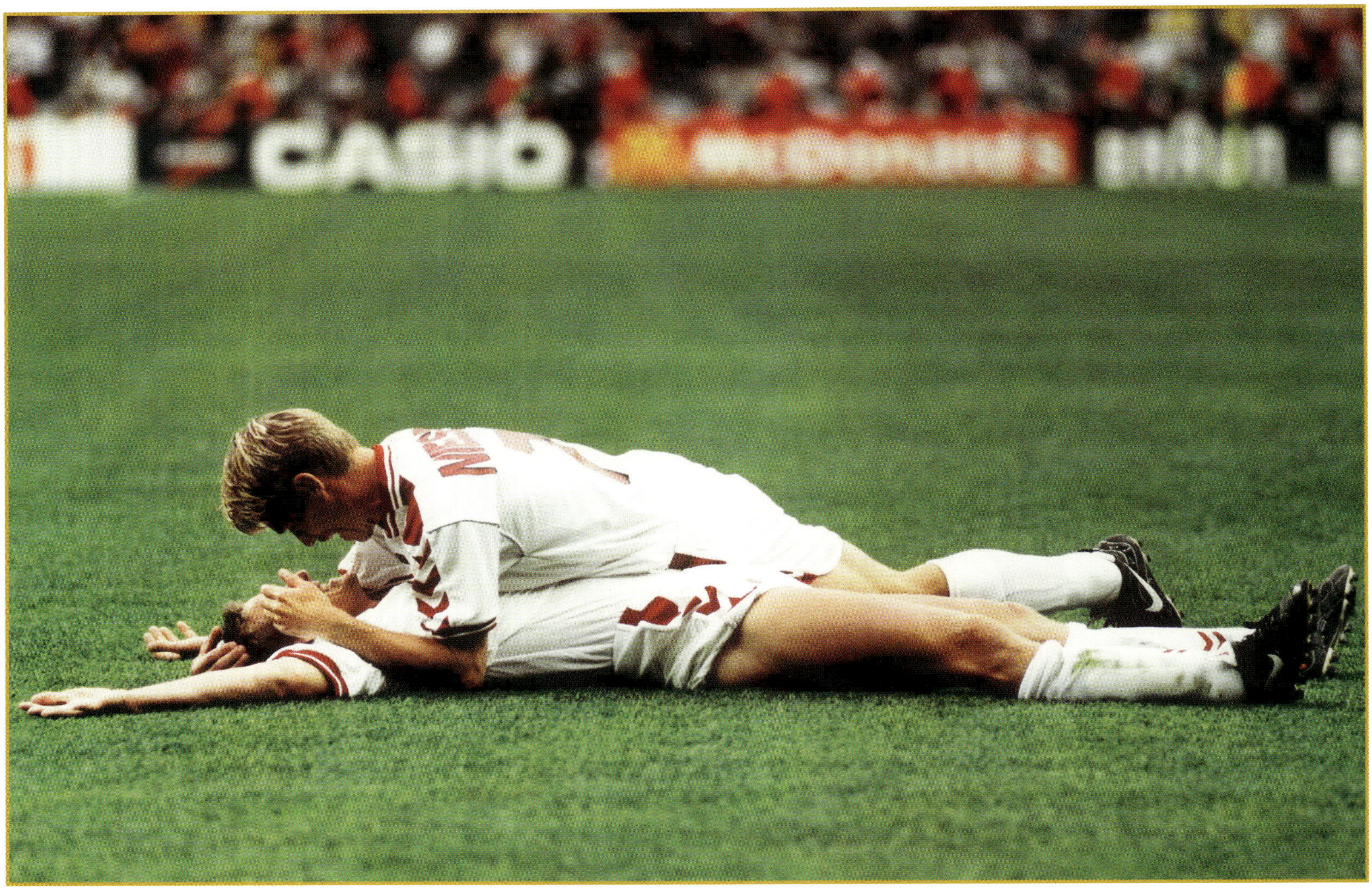

La France : "Le moindre de ses matches se finissait en thriller."
Henri Haget - L'Express - 16 Juillet 1998

"Je suis fier d'être le copain de Christophe Dugarry et ce que j'ai ressenti quand il a marqué le premier but de l'équipe de France contre l'Afrique du Sud, ne peut s'exprimer à travers des mots."
Zinédine Zidane - Mes copains d'abord - Editions Mango Sport - 1998

Nuit de joie... danoise, pour Peter Möller et Allan Nielsen.
SAINT-DENIS - 28 JUIN - HUITIÈMES DE FINALE : NIGÉRIA - DANEMARK 1-4
PHOTO : SHAUN BOTTERILL

Zinédine Zidane (à Clairefontaine, avant FRANCE - ITALIE) :
(...)"On a fait quelque chose de bien.
On peut faire quelque chose de grand.
On peut faire quelque chose de très grand.
On a trois matches ..."

Les yeux dans les Bleus - Stéphane Meunier pour Canal+

"Qu'elle est verte ma vallée". Nous, on reste ici. On est... bien. Messieurs les Anglais, sortez les premiers !
SAINT-ETIENNE - 30 JUIN - HUITIÈMES DE FINALE : ARGENTINE - ANGLETERRE 2-2 (4-3 T.A.B.)
PHOTO : RICHARD MARTIN

Légende des pages 80 & 81
La France s'informe, s'intéresse, s'inquiète, s'enthousiasme et commence à rêver d'avenir, de finale.
Camille... 91 ans, berger dans les Pyrénées. (Photographié le 24 juin dans la vallée du Lys, le jour de FRANCE - DANEMARK).
PHOTO : BRUNO BADE

Dur pour le Maroc
L'EQUIPE
C'EST VOTRE DESTI

Le tir au but de Di Biagio... et c'est l'explosion de joie de Zinédine Zidane, Thierry Henry et de toute l'équipe de France.
PHOTO : RICHARD MARTIN

Légende des pages 82 & 83
Sur la superbe pelouse du Stade de France, l'ultime échauffement de l'équipe de France vêtue de blanc.
SAINT-DENIS - 3 JUILLET - QUARTS DE FINALE : FRANCE - ITALIE 0-0 (4-3 T.A.B.)
PHOTO : STÉPHANE KEMPINAIRE

Séance des tirs au but :
Luigi Di Biagio rate le dernier tir de la Squadra Azzura, trop haut, sur la barre transversale.
PHOTO : BEN RADFORD

Les tirs au but :

France :	Zidane	1	Lizarazu	0	Trezeguet	1	Henry	1	Blanc	1
Italie :	R. Baggio	1	Albertini	0	Costacurta	1	Vieri	1	Di Biagio	0

PHOTO : STU FORSTER

"Il n'y a pas de succès sans raison. Voilà ce qu'il ne faut jamais oublier. Ce n'est pas seulement la chance qui explique le triomphe de l'équipe d'Aimé Jacquet. C'est la combinaison volontaire de l'effort, de la discipline et de l'intelligence."
Georges Suffert - Le Figaro Magazine - 18 Juillet 1998

Lilian Thuram (avant le début du Mondial) :
"Ce n'est pas l'équipe de France qui doit gagner la Coupe du Monde, c'est la France."

Les femmes ont coloré de charme la Coupe du Monde.
SAINT-DENIS - 8 JUILLET - DEMI-FINALE : FRANCE - CROATIE 2-1
PHOTO : RICHARD MARTIN

Et la Croatie arriva... !
Première participation de la jeune nation croate en Coupe du Monde. Pour un coup d'essai, c'est un coup de maître !
C'est aussi un grand succès pour Davor... "Sukerman", le meilleur buteur de cette 16e et dernière Coupe du Monde du siècle.
PHOTO : STÉPHANE KEMPINAIRE

FRANCE - CROATIE. "C'est la première et la seule fois où la maîtrise du jeu nous a échappé.
J'ai eu peur, car j'ai vu mon équipe se diluer après 20 minutes. A la mi-temps,
je n'en pouvais plus. Je me suis dit : La finale est foutue ! (...) Je leur ai dit :
Il faut savoir ce que vous voulez, mais la finale, vous n'allez pas la jouer.
Vous allez perdre ce match."
Aimé Jacquet - France Football - 21 Juillet 1998

L'entrée des demi-finalistes, France - Croatie, sur la pelouse du Stade de France.
PHOTO : GÉRARD VANDYSTADT

Aimé Jacquet (à Lilian Thuram, 48 heures avant FRANCE - CROATIE) :
"Toi, tu ne marqueras jamais un but."
Thuram marque deux buts et qualifie la France en finale de Coupe du Monde
de football pour la première fois de son histoire.
Les yeux dans les Bleus - Stéphane Meunier pour Canal+

Lilian Thuram (après le match) : " Tout peut arriver dans le football, tout peut arriver..."
Privée de demi-finale depuis 12 ans..., c'est une équipe de France solidaire qui chante la Marseillaise.
Cette photo décorera l'autocar qui remontera triomphalement les Champs-Élysées, le 13 juillet, avec tout l'Équipe de France à son bord.
PHOTO : RICHARD MARTIN

Slaven Bilic au sommet de la joie croate... A la 46e minute : Davor Suker marque le premier but du match.
C'est une douche froide... glacée pour le public français. Vivement la 47e minute !
PHOTO : STÉPHANE KEMPINAIRE

47e et ...70e minute : Lilian Thuram marque deux buts "miraculeux". Ici, le deuxième... du pied gauche. "D'habitude, je frappe du gauche et la balle s'envole vers les tribunes !" Depuis, "les tribunes" lui disent : RATÉ ! et surtout... MERCI !
PHOTO : RICHARD MARTIN

Aimé Jacquet (à Clairefontaine, le soir de France - Croatie) : "J'étais K.O. (...) Philippe Bergeroo m'a pris, m'a serré, il m'a dit : on est en finale, hein ? on est en finale, et on ne la perdra pas..."

France Football - 21 Juillet 1998

Marcel Desailly, Youri Djorkaeff, Laurent Blanc... et Lilian Thuram, l'arrière droit de l'équipe de France, qui n'avait jamais marqué de but en 38 sélections chez les tricolores. Il y a des mains et des regards qui parlent déjà de légende...

PHOTO : LAURENT ZABULON

"La finale pour moi, c'est vraiment l'apothéose.
C'est tout ce que je souhaitais, c'est-à-dire une belle équipe de France,
très concentrée, qui rentre sur son terrain en conquérante.
J'ai tout de suite senti que la grande équipe de France était là.
Quand j'ai vu mon équipe partir, j'ai dit :
Ça-y-est ! On va faire quelque chose."
Aimé Jacquet - France Football - 21 Juillet 1998

L'ÉQUIPE DE FRANCE de gauche à droite :
Didier Deschamps (capitaine), Fabien Barthez, Bixente Lizarazu, Lilian Thuram, Franck Leboeuf,
Stéphane Guivarc'h, Christian Karembeu, Marcel Desailly, Youri Djorkaeff, Zinédine Zidane, Emmanuel Petit.
"Les gars, pendant les hymnes on la regarde, elle est pour nous." Lilian Thuram.

ÉMOTIONS FORTES : 20 heures 54... 20 à 25 millions de Français devant leur téléviseur et 80 000 personnes
dans un stade archicomble pour les 22 joueurs d'Aimé Jacquet. Aucun d'eux n'avait auparavant jamais joué en Coupe du Monde.
SAINT-DENIS - 12 JUILLET - FINALE : BRÉSIL - FRANCE 0-3
PHOTO : GÉRARD VANDYSTADT

L'ÉQUIPE DU BRÉSIL debout, de gauche à droite :
Taffarel, César Sampaio, Rivaldo, Aldair, Junior Baiano, Cafu, -au premier rang - Ronaldo, Roberto Carlos, Léonardo, Bebeto, Dunga (capitaine).

CHIFFRES : sur la pelouse du Stade de France,
deux fois onze = 22 joueurs rescapés (44 avec les remplaçants) sur les 704 joueurs réunis à l'origine par trente-deux pays,
vont disputer un match de football devant 2 à 2,4 milliards de téléspectateurs dans le monde, pour "la finale du siècle".
PHOTOS : CHRISTOPHE GUIBBAUD

Les sept matches de l'équipe de France

12 JUIN - STADE VÉLODROME - MARSEILLE - PREMIER TOUR : FRANCE - AFRIQUE DU SUD 3-0
Buts pour la France : Dugarry (34e), Issa (77e, c.s.c.), Henry (90e)

18 JUIN - STADE DE FRANCE - SAINT-DENIS - PREMIER TOUR : FRANCE - ARABIE-SAOUDITE 4-0
Buts pour la France : Henry (36e et 77e), Trezeguet (68e), Lizarazu (85e)

24 JUIN - STADE GERLAND - LYON - PREMIER TOUR : FRANCE - DANEMARK 2-1
Buts pour la France : Djorkaeff (12e, sur pen.), Petit (56e)
But pour le Danemark : M. Laudrup (42e, sur pen.)

28 JUIN - STADE BOLLAERT - LENS - HUITIÈMES DE FINALE : FRANCE - PARAGUAY 1-0
But pour la France : Blanc (114e)

3 JUILLET - STADE DE FRANCE - SAINT-DENIS - QUARTS DE FINALE : FRANCE - ITALIE 0-0 (4 t.a.b. à 3)

8 JUILLET - STADE DE FRANCE - SAINT-DENIS - DEMI-FINALE : FRANCE - CROATIE 2-1
Buts pour la France : Thuram (47e et 70e)
But pour la Croatie : Suker (46e)

12 JUILLET - STADE DE FRANCE - SAINT-DENIS - FINALE : BRÉSIL - FRANCE 0-3
Buts pour la France : Zidane (27e et 45e), Petit (90e)

PHOTO : RICHARD MARTIN

Télévision :
pour la finale, 23 caméras ont été installées au Stade de France
pour le "direct" le plus regardé du 20e siècle.
Au total, près de 40 milliards de personnes ont assisté,
grâce à la télévision, aux 64 matches de la 16e Coupe du Monde de football.
(Aux Jeux Olympiques d'Atlanta, en 1996, ils n'ont été que... 20 milliards.)

Aimé Jacquet (le matin de la finale, à ses joueurs) :
"Participer, c'est bien, mais il faut gagner."
PHOTO : GÉRARD VANDYSTADT

"Si je peux garder à vie ma douzaine de potes des années d'enfance, ce sera la plus belle chose que j'aurai faite, après avoir gagné la Coupe du Monde."
Zinédine Zidane à Olivier Margot - L'Équipe - Décembre 1997.

1 - 2 - 3... Angles différents pour le premier but de Zinédine Zidane (27e minute).
PHOTOS : RICHARD MARTIN
CHRISTOPHE GUIBBAUD
CLIVE BRUNSKILL

Laurent Blanc (à Zinédine Zidane avant la finale) :
"Il faut que tu marques, c'est dans ce match-là qu'il faut être grand."

LES BUTS : "ET UN, ET DEUX, ET TROIS ZÉRO !"
1-0 : Zidane (27e minute sur un corner tiré par Emmanuel Petit)
2-0 : Zidane (45e minute sur un corner tiré par Youri Djorkaeff)
3-0 : Petit (90e minute sur une passe de Vieira).

La joie des Français après le premier but. Youri Djorkaeff, Marcel Desailly, Franck Leboeuf et Stéphane Guivarc'h ... L'hommage à Zinédine Zidane.
PHOTO : CHRISTOPHE GUIBBAUD

Paroles de finale :
"Je ferai le match de ma vie."

"On a été forts tous ensemble... J'avais envie de marquer un but dans cette
Coupe du Monde, d'apporter cela à l'équipe de France."
Zinédine Zidane

Zinédine Zidane marque à la 45e minute son deuxième but de la tête...
Fou de joie, il embrasse à plusieurs reprises le maillot bleu de l'équipe de France... Il embrasse la France !
PHOTO : CHRISTOPHE GUIBBAUD

"Cette équipe à la fois tricolore et multicolore donne une belle image de la France dans ce qu'elle a d'humaniste et de fort."
Jacques Chirac - à l'Élysée - le 14 Juillet

"C'est ce qui a fait la force de cette équipe. Chacun croyait en l'autre. C'est pour ça qu'on est champions ! "
Christophe Dugarry

Belle photo de presse ? Certainement. Mais cette image est plus que cela. Une merveilleuse et nouvelle prière... Une "icône" moderne de notre XXe siècle.
Les quatre "bienheureux": Didier Deschamps, Zinédine Zidane, Youri Djorkaeff et Marcel Desailly.
PHOTO : CHRISTOPHE GUIBBAUD

Ma plus belle image :
- Le bonheur des joueurs
- Le bonheur du staff technique
- Le bonheur du football français
- La joie et le bonheur des gens.
Aimé Jacquet - TF1 émission "Champions du Monde" - 18 Juillet 1998

"Tous les gosses du monde rêvent de gagner la Coupe du Monde." Bernard Lama.
PHOTO : STÉPHANE KEMPINAIRE

"Face au Brésil, le génie est sorti de sa boîte. Il s'appelle Zinédine Zidane."
Christophe Dugarry

Bilan général d'Aimé Jacquet,
sélectionneur et entraîneur de l'équipe de France :
(février 1994 à juillet 1998) 53 matches, 34 victoires,
16 nuls, 3 défaites, 90 buts marqués, 27 buts encaissés.

160 millions de Brésiliens... et un enfant triste au Stade de France.
PHOTO : RICHARD MARTIN

But de Emmanuel Petit devant Cafu et Taffarel. Le 3e but français de cette finale, le 1000e but de l'équipe de France depuis 1904 en 569 matches, le 171e ...et dernier but du Mondial 1998, le 15e pour la France. C'est aussi le 1755e but marqué en 16 Coupes du Monde.
PHOTO : DAVID LEAH

BONHEUR : Emmanuel Petit et Patrick Vieira. - C'est la trempe de notre âme qui nous rend heureux - (Voltaire, Dictionnaire philosophique, 1764).
PHOTO : RICHARD MARTIN

"En entrant sur le terrain, je me suis dit : ce soir, tu joues pour être champion du monde..."

"Je voudrais surtout remercier tous ces gens qui nous ont soutenus
et tous ceux qui n'ont pu rentrer dans le stade mais qui étaient là, présents avec nous."Fabien Barthez.
PHOTO : RICHARD MARTIN

Le meilleur gardien de but du Mondial 1998 :
Batman... Barthez "le chauve qui sourit" a survolé son Mondial. Ronaldo lui-même peut en témoigner, à la 31e minute, il a très nettement ressenti le souffle du "vol air Barthez n°16" !

Bilan général des Bleus, de 1904 à 1998 : 569 matches, 246 victoires, 114 nuls, 209 victoires, 1000 buts marqués, 981 buts encaissés.
Depuis 1930, la France est le vainqueur qui a concédé le moins de buts sur l'ensemble d'une Coupe du Monde.
PHOTO : ROSS KINNAIRD

22 heures 54... Monsieur Saïd Belquola l'arbitre de la finale siffle la fin du match.
Le "BIG BISOU" final (façon Laurent Blanc) pour Fabien Barthez et son crâne fétiche.
À droite, Stéphane Meunier pour Canal+ et sa caméra de poche.
Lui, il vise systématiquement... "les yeux dans les Bleus."

"Au coup de sifflet final, j'ai pensé à ma famille."
David Trézéguet
"On a réussi le match parfait.
C'est la première fois que je pleurais de ma vie."
Fabien Barthez

"Ce ne sont pas les onze qui étaient sur le terrain qui ont gagné, ce sont les vingt-deux." Stéphane Guivarc'h.
Fabien Barthez n'a encaissé que deux buts (dont un sur pénalty) en 7 matches et 683 minutes de jeux.
PHOTO : LAURENT ZABULON

Le rêve bleu devient une réalité tricolore pour un Président de la République, "Premier Supporter de France".
PHOTO : SHAUN BOTTERILL

"Nous sommes vraiment heureux pour le peuple français. On s'est dit qu'il n'était pas possible de perdre cette finale." Lionel Charbonnier.
La tribune officielle avec un Jacques Chirac... dynamique et heureux.
PHOTO : CHRISTOPHE GUIBBAUD

"On a été au bout de nos idées, au bout de nous-mêmes." Didier Deschamps.
PHOTO : SHAUN BOTTERILL

23 heures 09... Didier Deschamps, Capitaine de l'Équipe de France, reçoit la coupe des mains de Jacques Chirac (après 68 ans d'attente pour la France) et la présente avec tous les joueurs à toute la nation... et au monde entier !
PHOTO : GÉRARD VANDYSTADT

"Nous avons aimé cette France qui gagne."
Jacques Chirac

Gros titres dans la presse magazine :
BLACKS, BLANCS, BEURS : POURVU QUE ÇA DURE APRÈS LE FOOT.
NOUS NOUS SOMMES TANT AIMÉS...
Le Nouvel Observateur - 16 Juillet 1998

INOUBLIABLE : le regard de Marcel Desailly !
"Champions du Monde ! Cela veut dire qu'on prend le globe,
on le regarde et on met vingt-deux lascars comme nous en haut... en maillot bleu." Christophe Dugarry.
PHOTO : GÉRARD VANDYSTADT

ZIZOU, ce héros !
L'enfant du club de foot des Septèmes de la Castellane à Marseille,
offre aujourd'hui avec toute l'équipe des Bleus, à la France entière, la Coupe du Monde dont elle rêvait tant. Merci Monsieur.
(Zinédine Zidane est aussi le 1er buteur de l'histoire du Stade de France, le 28 janvier 1998 : FRANCE - ESPAGNE 1-0).

La victoire de l'équipe de France est un acte de foi national aux symboles merveilleux.
Zidane le Beur, Deschamps et Lizarazu les Basques, Desailly et Vieira les Africains, Thuram l'Antillais, Djorkaeff le Kalmouk,
Boghossian l'Arménien, Guivarc'h le Breton, Karambeu le Kanak, Dugarry le Girondin, Blanc le Cévenol, Jacquet l'ouvrier Rhône-Alpin,
Petit le Normand, Barthez l'Ariégeois, ont uni leur destin pour la grandeur d'un pays.
L'Equipe - 13 Juillet 1998

"Le moment fabuleux, c'est quand chacun porte la coupe et l'embrasse." Stéphane Guivarc'h.
PHOTO : RICHARD MARTIN

PUBLIC : 2 775 400 personnes au total ont assisté dans les stades aux 64 matches du Mondial 1998.
David Douillet (champion olympique 1996 et champion du monde de judo 1993, 95 et 97) :
"J'étais dans le stade. Je faisais partie des 80 000 privilégiés.
C'était magique ! Il n'y a pas de mot pour décrire ce que l'on ressent dans ces moments-là.
C'est une victoire extraordinaire.
Je suis convaincu que ça va rejaillir sur le sport en général,
que la France va se découvrir une âme et une culture sportives.
La France qui gagne, c'est devenu une réalité."
L'Équipe - 14 Juillet 1998

"Le public a trouvé une grande équipe, et nous on a trouvé un grand public."
Stéphane Guivarc'h

"Ce match contre le Brésil se devait d'être le match de ma vie. La finale de tout un peuple". Zinédine Zidane.
PHOTO : STU FOSTER

"C'est une grande récompense pour tout le football français.
C'est la victoire de toute la France, de tout le football.
Celui de tous les dimanches, celui des éducateurs (...) tout ceux qui ont fait en sorte que le football soit roi.
Nous venons tous de petits clubs..."
Aimé Jacquet

"La France Championne du Monde, c'est beaucoup plus que du football."
Le Figaro Magazine - Juillet 1998

"S'il s'agit d'admirer, mieux vaut Jacquet que Tapie !" Claude Imbert - Le Point - 18 Juillet 1998.
PHOTO : STU FOSTER

"Les joueurs, eux, n'ont jamais douté de moi !"
"Renoncer ? pour moi, ce mot n'existe pas."
Aimé Jacquet.

"Quelque chose nous dit que si, dans 20 ans, on aura oublié jusqu'à la composition de l'équipe d'Aimé Jacquet, ces héros portés par 60 millions de supporters, un dimanche de Juillet, sur une pelouse de Saint-Denis, on se souviendra encore longtemps de l'esprit de 1998."
Henri Haget - L'Express - 16 Juillet 1998

Jacques Chirac (recevant les joueurs à l'Élysée le 14 Juillet) :
"Ils sont la plus belle image que vous garderez de la France cette année dans votre cœur !"
PHOTO : RICHARD MARTIN

La première Coupe du Monde de l'histoire du football français portée par Didier Deschamps et Zinédine Zidane,
le bonheur absolu... une immense victoire !
PHOTO : BEN RADFORD

Légende des pages 114 & 115
23 heures 14... Les joueurs posent pour l'histoire... pour l'éternité. "C'est extraordinaire,
c'est ce que tout le monde attendait. Il n'y a pas de mot pour décrire notre joie." Zinédine Zidane.
PHOTO : CHRISTOPHE GUIBBAUD

adidas
FRANCE CHAMPION DU MONDE
FRANCE CHAMPION DU MONDE
adidas
adidas

adidas
8

XVIe COUPE DU MONDE DE FOOTBALL 1998
200 000 PHOTOS

Vandystadt SPORTS PHOTOS
ALLSPORT FRANCE

LES ARCHIVES PHOTOGRAPHIQUES VANDYSTADT - ALLSPORT FRANCE

*"Je suis enfin champion du monde !
Je suis fier, très fier. Plus que fier même,
je ne trouve pas les mots pour exprimer ce sentiment."*

Michel Platini - coprésident du CFO - L'Équipe Magazine - 18 Juillet 1998

Vandystadt SPORTS PHOTOS

ALLSPORT FRANCE

XVIe COUPE DU MONDE DE FOOTBALL 1998
200 000 PHOTOS

LES ARCHIVES PHOTOGRAPHIQUES VANDYSTADT - ALLSPORT FRANCE

"J'ai le titre suprême ! Je suis très heureux d'être le Capitaine de cette équipe."
Didier Deschamps

01023 - Coupe du Monde 98
PHOTO : LAURENT ZABULON

Réf: n° 801266 - Coupe du Monde 98
PHOTO : RICHARD MARTIN

Réf: n° 801387 - Coupe du Monde 98
PHOTO : FRÉDÉRIC NEBINGER

Réf: n° 801310 - Coupe du Monde 98
PHOTO : GÉRARD VANDYSTADT

Réf: n° 801911 - Coupe du Monde 98
PHOTO : GÉRARD VANDYSTADT

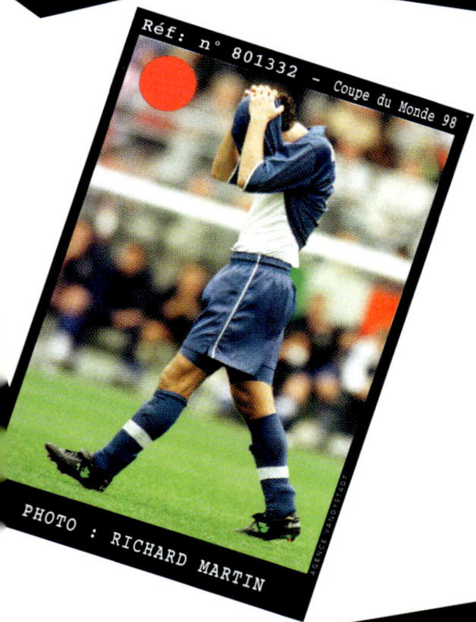
Réf: n° 801332 - Coupe du Monde 98
PHOTO : RICHARD MARTIN

Réf: n° 801572 - Coupe du Monde 98
PHOTO : BRUNO BADE

Réf: n° 801637 - Coupe du Monde 98
PHOTO : LAURENT ZABULON

Réf: n° 801632 - Coupe du Monde 98
PHOTO : GÉRARD VANDYSTADT

Réf: n° 801784 - Coupe du Monde 98
PHOTO : GÉRARD VANDYSTADT

Réf: n° 801782 - Coupe du Monde 98
PHOTO : GÉRARD VANDYSTADT

f: n° 801668 - Coupe du Monde 98
PHOTO : RICHARD MARTIN

Réf: n° 801685 - Coupe du Monde 98
PHOTO : CHRISTOPHE GUIBBAUD

f: n° 801691 - Coupe du Monde 98
PHOTO : RICHARD MARTIN

Réf: n° 801759 - Coupe du Monde 98
PHOTO : LAURENT ZABULON

Réf: n° 801746 - Coupe du Monde 98
PHOTO : RENATE KUHN

Réf: n° 801743 - Coupe du Monde 98
PHOTO : SYLVIA LAMBLIN

23 heures 59... 12 juillet 1998.
Sur les écrans géants du Stade de France plongé dans le noir,
apparaît une inscription manuscrite sous un portrait :
Merci Fernand - Michel -

LES PHOTOS DANS LA PRESSE FRANÇAISE

PHOTO: SHAUN BOTTERILL

PHOTO: FRÉDÉRIC NÉBINGER

PHOTO: CHRISTOPHE GUIBBAUD

PHOTO: SHAUN BOTTERILL

PHOTO: STÉPHANE KEMPINAIRE

PHOTO: MARC THOMPSON

PHOTO: SHAUN BOTTERILL

PHOTO: SHAUN BOTTERILL

PHOTO: STÉPHANE KEMPINAIRE

PHOTO:GÉRARD VANDYSTADT

PHOTO: MIKE EWITT

PHOTO: STÉPHANE KEMPINAIRE

PHOTO: RICHARD MARTIN

PHOTO: STÉPHANE KEMPINAIRE

PHOTO:FRÉDÉRIC NEBINGER

PHOTO: RICHARD MARTIN

REPRODUCTIONS PHOTOGRAPHIQUES : BRUNO BADE

VANDYSTADT - ALLSPORT FRANCE
XVIe COUPE DU MONDE DE FOOTBALL 1998

PHOTO: GÉRARD VANDYSTADT

PHOTO: MIKE EWITT

PHOTO: RICHARD MARTIN

PHOTO: MIKE EWITT

PHOTO: CHRISTOPHE GUIBBAUD

PHOTO: RICHARD MARTIN

PHOTO: STÉPHANE KEMPINAIRE

PHOTO: GÉRARD VANDYSTADT

PHOTO: FRÉDÉRIC NÉBINGER

PHOTO: CHRISTOPHE GUIBBAUD

PHOTO: STÉPHANE KEMPINAIRE

PHOTO: STÉPHANE KEMPINAIRE

PHOTO: STÉPHANE KEMPINAIRE

PHOTO: STÉPHANE KEMPINAIRE

PHOTO: CHRISTOPHE GUIBBAUD

PHOTO: LAURENT ZABULON

REVUE DE PRESSE NON EXHAUSTIVE

"On est heureux et puis voilà !
(...) ils (les Français) garderont de ces jours de fête
une petite lumière dans la tête."
Françoise Giroud - Le Nouvel Observateur - 16 juillet 1998

LES PHOTOS DANS LA PRESSE FRANÇAISE

MAGAZINE OFFICIEL FRANCE 98 N°1
PHOTO: DAVID CANNON

MAGAZINE OFFICIEL FRANCE 98 N°1
PHOTO: GÉRARD VANDYSTADT

MAGAZINE OFFICIEL FRANCE 98 N°1
PHOTO: SIMON BRUTY

PHOTOARGUS-JUIN 1998
PHOTOS: GÉRARD VANDYSTADT

SPORT'S MAGAZINE N°7 SPÉCIAL 1998
PHOTOS: ALLSPORT-VANDYSTADT

SPORT'S MAGAZINE N°7 SPÉCIAL 1998
PHOTO: BEN RADFORD

SPORT'S MAGAZINE N°7 SPÉCIAL 1998
PHOTO: SHAUN BOTTERILL

SPORT'S MAGAZINE N°7 SPÉCIAL 1998
PHOTO: SHAUN BOTTERILL

SPORT'S MAGAZINE N°7 SPÉCIAL 1998
PHOTO: FRÉDÉRIC NEBINGER

SPORT'S MAGAZINE N°7 SPÉCIAL 1998
PHOTO: CLIVE BRUNSKILL

SPORT'S MAGAZINE N°7 SPÉCIAL 1998
PHOTO: RICHARD MARTIN

SPORT'S MAGAZINE N°7 SPÉCIAL 1998
PHOTO: ALLSPORT-VANDYSTADT

SPORT'S MAGAZINE N°7 SPÉCIAL 1998
PHOTO: BEN RADFORD

SPORT'S MAGAZINE N°7 SPÉCIAL 1998
PHOTO: PHIL COLE

SPORT'S MAGAZINE-JUIN 1998
PHOTO: SHAUN BOTTERILL

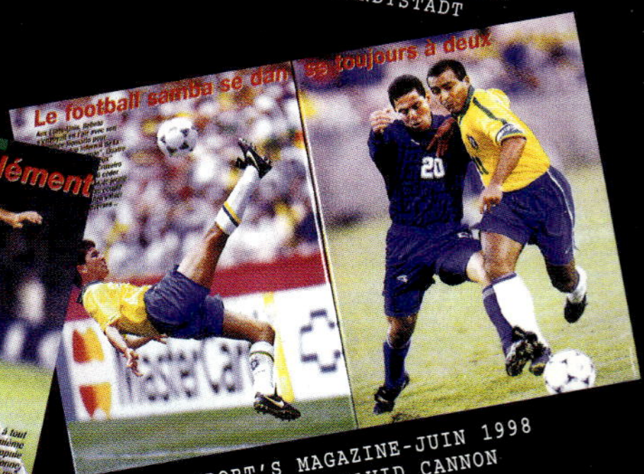

SPORT'S MAGAZINE-JUIN 1998
PHOTOS: DAVID CANNON

SPORT'S MAGAZINE N°7 SPÉCIAL 1998
PHOTO: RICHARD MARTIN

MAGAZINE OFFICIEL MONDIAL 98
PHOTO: STÉPHANE KEMPINAIRE

L'ÉQUIPE MAGAZINE-20JUIN 1998
PHOTO: CHRISTOPHE GUIBBAUD

SPORT'S MAGAZINE N°12 SPÉCIAL 1998
PHOTO: CHRISTOPHE GUIBBAUD

REPRODUCTIONS PHOTOGRAPHIQUES : BRUNO BADE

VANDYSTADT - ALLSPORT FRANCE
XVIe COUPE DU MONDE DE FOOTBALL 1998

RÉPONSES PHOTO-JUIN 1998
PHOTO: FRÉDÉRIC NÉBINGER

RÉPONSES PHOTO-JUIN 1998
PHOTOS: AGENCE VANDYSTADT

L'ÉQUIPE MAGAZINE-20 JUIN 1998
PHOTO: ROSS KINNAIRD

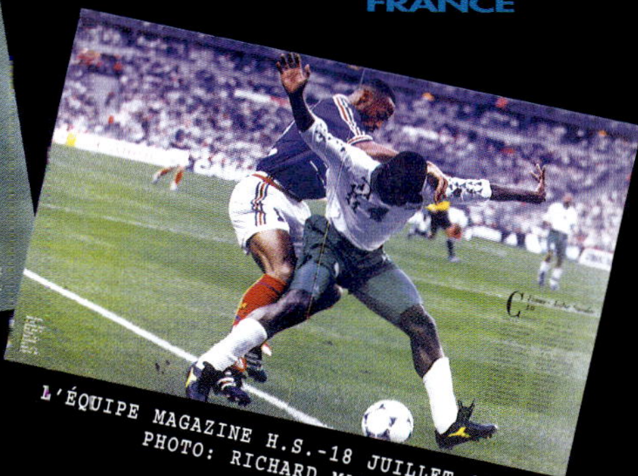

L'ÉQUIPE MAGAZINE H.S.-18 JUILLET 1998
PHOTO: RICHARD MARTIN

L'ÉQUIPE MAGAZINE-27 JUIN 1998
PHOTO: RICHARD MARTIN

L'ÉQUIPE MAGAZINE-27 JUIN 1998
PHOTO: GÉRARD VANDYSTADT

L'ÉQUIPE MAGAZINE-18 JUILLET 1998
PHOTO: CHRISTOPHE GUIBBAUD

L'ÉQUIPE MAGAZINE-18 JUILLET 1998
PHOTOS: C.GUIBBAUD & G. VANDYSTADT

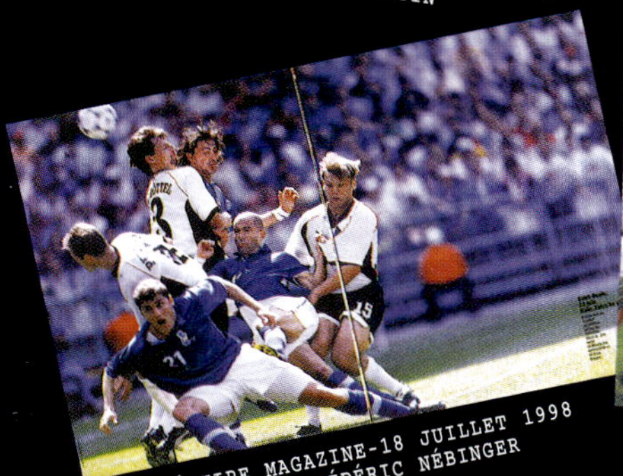

L'ÉQUIPE MAGAZINE-18 JUILLET 1998
PHOTO: FRÉDÉRIC NÉBINGER

SPORT'S MAGAZINE H.S.- N°12 1998
PHOTO:STÉPHANE KEMPINAIRE

MAGAZINE OFFICIEL MONDIAL 98
PHOTO: GÉRARD VANFYSTADT

SPORT'S MAGAZINE H.S.- N°12 1998
PHOTO:RICHARD MARTIN

MAGAZINE OFFICIEL MONDIAL 98
PHOTO: STÉPHANE KEMPINAIRE

L'ÉQUIPE MAGAZINE H.S.-18 JUILLET 1998
PHOTO:RICHARD MARTIN

SPORT'S MAGAZINE H.S.- N°12 1998
PHOTO:RICHARD MARTIN

SPORT'S MAGAZINE H.S.- N°12 1998
PHOTO: STÉPHANE KEMPINAIRE

SPORT'S MAGAZINE H.S.- N°12 1998
PHOTO: STÉPHANE KEMPINAIRE

SPORT'S MAGAZINE H.S.- N°12 1998
PHOTO: CHRISTOPHE GUIBBAUD

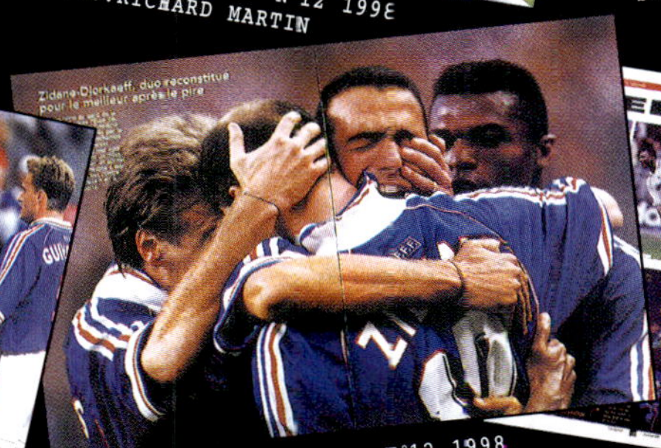

SPORT'S MAGAZINE H.S.- N°12 1998
PHOTO: CHRISTOPHE GUIBBAUD

LE SPORT-JUILLET 1998
PHOTO: AGENCE VANDYSTADT

REVUE DE PRESSE NON EXHAUSTIVE

Les photographes de presse lors de la traditionnelle photo des équipes d'avant match.
SAINT-DENIS - 23 JUIN - PREMIER TOUR : ITALIE - AUTRICHE 2-1
PHOTO : FRÉDÉRIC NEBINGER

Les bancs des photographes... à la mi-temps et durant le match !
LENS - 28 JUIN - HUITIÈMES DE FINALE : FRANCE - PARAGUAY 1-0 A.P.
PHOTOS : GÉRARD VANDYSTADT

INDEX DES PHOTOGRAPHES

LES 278 PHOTOS ET DOCUMENTS REPRODUITS SONT DE :

BRUNO BADE
(p. 18, 40, 80 - 81, et 8 photos p. 116 - 117 et 118 - 119)
SHAUN BOTTERILL
(p. 37, 52, 53, 63, 70, 72 haut, 77,78, 106 haut, 107 et 1 photo p. 118 - 119, 7 photos p. 120 - 121 et 122 - 123)
CLIVE BRUNSKILL
(p. 54 haut, 96 bas, et 1 photo p. 116 - 117, 1 photo p. 122 - 123)
DAVID CANNON
(p. 21 bas et 3 photos p. 122 - 123)
PHIL COLE
(p. 24 bas, et 1 photo p. 122 - 123)
STU FORSTER
(p. 31 haut, 50, 55 haut, 61, 66 haut, 74, 85 bas, 110, 111)
LAURENCE GRIFFITHS
(p. 36, 58, et 1 photo p. 116 - 117)
CHRISTOPHE GUIBBAUD
(p. 9, 16 - 17, 24 haut, 28, 32 - 33, 48 bas gauche, 49 bas gauche, 62, 65, 68 bas, 93 haut et bas, 96 milieu, 97, 98, 99,
10 photos p. 120 - 121 et 122 - 123, 4e de couverture)
STÉPHANE KEMPINAIRE
(p. 8, 10, 11, 20 haut, 35, 43, 44, 45, 49 haut droit, 51, 71, 72 bas, 82 - 83, 87, 90 haut, 100,
et 3 photos p. 116 - 117 et 118 - 119, 14 photos p. 120 - 121 et 122 - 123)
ROSS KINNAIRD
(p. 23, 49 haut gauche, 104, et 1 photo p. 118 - 119, 1 photo p. 122 - 123)
DAVID LEAH
(p. 102 haut)
RICHARD MARTIN
(p. 19, 21 haut, 27, 42, 48 haut droit, 55 bas, 56, 64, 66 bas,
67 haut et bas, 68 haut, 75, 79, 84, 86, 89, 90 bas, 94, 96 haut, 101, 102 bas, 103, 109, 112,
et 17 photos p. 116 - 117 et 118 - 119 et 11 photos p. 120 - 121 et 122 - 123)
FRÉDÉRIC NEBINGER
(p. 14, 25 bas, 29, 30 haut et bas, 41, 47, 48 bas, 73, et 6 photos p. 120 - 121 et 122- 123, 124 haut)
DOUG PENSINGER
(2 photos p. 116 - 117)
BEN RADFORD
(p. 69, 85 haut, 113, et 2 photos p. 116 - 117 et 2 photos p. 122 - 123)
MARK THOMPSON
(p. 15 et 1 photo p. 120 - 121)
GÉRARD VANDYSTADT
(p. 20 bas, 22, 25 haut, 38 - 39, 46, 49 bas droit, 54 bas, 59, 88, 92, 95, 107 bas, 108,
13 photos p. 116 - 117 et 118 - 119, 8 photos p. 120 - 121 et 122 - 123, 124 bas droite et gauche, 125, 128,)
LAURENT ZABULON
(p. 2, 26, 31, 48 haut gauche, 57, 60, 76, 91, 105, 6 photos p 118 - 119, 1 photo p. 120 - 121)

AVEC LA PARTICIPATION EXCEPTIONNELLE DE :
SIMON BRUTY (1 photo p. 122 - 123) - GERARD CECCALDI (1 photo p. 34) - RENATE KUHN (p. 6 et 1 photo p. 118 - 119)
SYLVIA LAMBLIN (1e de couverture, 1 photo p. 118 - 119) - PASCAL RONDEAU (p. 12) - MIKE HEWITT (p. 3, 5 et 3 photos p. 120 - 121)
Merci pour leur participation aux étudiants de l'École Française d'Enseignement Technique E.F.E.T. (Paris 12e), ainsi qu'à Hervé Le Goff.

RECORDS : 834 reporters photographes du monde entier ont été accrédités par le service de presse du CFO.
Pour la seule finale ils étaient plus de 400 autour du terrain et dans les tribunes du Stade de France.
NANTES - 20 JUIN - PREMIER TOUR : JAPON - CROATIE 0-1
PHOTO : GÉRARD VANDYSTADT

CRÉATION

Conception et réalisation
GÉRARD VANDYSTADT

maquette
GÉRARD VANDYSTADT

directeur artistique
RAJKO ZOBEC

textes et rédaction
GÉRARD VANDYSTADT

editing photo
GÉRARD VANDYSTADT - ALAIN DANINO - THIERRY DE VISSANT - STÉPHANE KEMPINAIRE
RICHARD MARTIN - CHRISTOPHE GUIBBAUD - LAURENT ZABULON - BRUNO BADE
ALLSPORT GB - GUILLAUME VANDYSTADT - ALICE JOURNO-VITRAC & RAJKO ZOBEC

assistance technique
BERTRAND MAHÉ - NICOLAS GALLENNE - CAROLINE VANDYSTADT

secrétariat
NICOLE TARDIF - MARYLYN MINOT

laboratoire photographique
de l'agence VANDYSTADT
DEPHTI / Paris

impression EDIPS / Dijon

REMERCIEMENTS

L'AGENCE DE PRESSE VANDYSTADT - ALLSPORT FRANCE,
SES PHOTOGRAPHES ET COLLABORATEURS,

adressent leurs plus vifs et sincères remerciements aux directions et personnels des sociétés qui ont apporté leur collaboration, aide, assistance et partenariat durant toute la Coupe du Monde de Football 1998 (et au-delà...).

FUJIFILM FRANCE

à François Rychlewski et aux 150 personnes réparties dans les dix " Fuji Service Center ", qui ont assisté l'ensemble des photographes professionnels avec plus de 70 développeuses C41, 50 000 films traités, plus 15 000 films E6 développés par les laboratoires professionnels partenaires de Fuji.

CANON FRANCE

à Jean-Pierre Colly, Guy Dassonville, Alberto Czajkowski, José Branchard, Bernard Thomas et aux 45 personnes qui ont effectué 1215 réparations... prêté plus de 800 boîtiers et optiques : services offerts aux 834 photographes accrédités (il y avait plus de 400 photographes présents à la finale).
Avec 10 centres de presse dans les dix villes de la World Cup 98, CANON confirme ainsi sa présence efficace dans le photo-journalisme... La Coupe du Monde 1998 en France a marqué les 20 ans de participation de CANON en tant que sponsor et fournisseur officiel de la Coupe du Monde de la FIFA, depuis l'édition de 1978 en Argentine.

FIAT AUTO FRANCE

à Jean-Pierre Vaillant, Georges Seibel, Nadine Gaulier, pour leur agréable, fidèle et toujours efficace participation.

ADIDAS

à Cédric Dufoix, Marie Gérard, Lisa Scheubel, Virginie Fessart - Presse et communication - ainsi qu'à l'ensemble des services ADIDAS auxquels nous adressons nos amitiés sportives.

NIKON FRANCE

à Nello Zoppé, qui a donné l'occasion à plusieurs de nos photographes de tester et apprécier les performances exceptionnelles des boîtiers F5, ainsi que les nouveaux et remarquables 400mm. 2,8 & 600mm. 4.

SOCIÉTÉ LAGARDÈRE

à Roland Sanguinetti, pour le prêt des deux "Espaces - 3e génération", si extraordinairement performants et confortables.

CFO

à Serge Bergamelli - Directeur des sites -, Jean-François Meinadier - Chef des opérations presse -, et à l'ensemble du Comité Français d'Organisation, grâce à qui cette 16e FIFA World Cup 98 en France, a été la plus agréable, la plus professionnelle que nous ayons jamais couverte.

CONSORTIUM STADE DE FRANCE

à Gaëtan Desruelles - Directeur Général - Christian Chatenet - Directeur Général Adjoint et Jean-Christophe Giletta - Directeur des Grands Événements -, nos remerciements tout particuliers.

Remerciements chaleureux et confraternels aux sociétés de presse, d'édition et aux auteurs - de grand talent - des textes et informations dont nous avons reproduit extraits et citations, au fil du présent ouvrage :

Canal+ - Éditions Mango Sport - France Football - Le Figaro Magazine - L'Équipe - L'Équipe Magazine
Le Nouvel Observateur - Le Point - L'Express - L'Humanité - Paris Match - Sport's Magazine - TF1

Henri Amouroux - Christophe Bouchet - Jérome Bureau - Claude Cabane - Gérard Ernault
Françoise Giroud - Henri Haget - Claude Imbert - Daniel Jeandupeux - Olivier Margot - Stéphane Meunier - Patrice Naour
Olivier Pérétie - Monique Pivot - Georges Suffert - Jean-Jacques Vierne.

Achevé d'imprimer le 28 Mai 1999

Dépôt légal 2ème trimestre 1999

N° ISBN : 2-9507 316-4-3

GÉRARD VANDYSTADT ÉDITIONS & AGENCE VANDYSTADT

1986	" LA COUPE DU MONDE DE FOOTBALL "
1986	" FORMULE 1 - LA REVANCHE "
1987	" ROLAND GARROS "
1987	" LA COUPE DU MONDE DE RUGBY "
1987	" FORMULE 1 - L'ANNÉE DES RECORDS "
1987	" OBJECTIF SPORTS "
1988	" ZOOM N° 142 - SPORT THE BEST OF VANDYSTADT "
1988	" ROLAND GARROS "
1988	" TOUR DE FRANCE "
1988	" FORMULE 1 - DUEL AU SOMMET "
1988	" KATARINA WITT "
1989	" ROLAND GARROS "
1989	" TOUR DE FRANCE "
1989	" FORMULE 1 - LE VERDICT "
1990	" DAKAR 90 "
1990	" SPORTIVES "
1991	" PASSION PHOTO SPORTS "
1992	" ISABELLE ET PAUL DUCHESNAY - NOTRE PASSION "
1992	" L'ALBUM ÉMOTIONS DE L'ANNÉE OLYMPIQUE 92 "
1993	" GYMNASTIQUE "
1994	" LE GUIDE DU BASKET AMÉRICAIN "
1994	" LETTRES PHOTOGRAPHIQUES "
1995	" SURYA BONALY - L'ENFANT DU SOLEIL "
1995	" CRASH "
1995	" CANDELORO - PRINCE DE LA GLACE "
1995	" PASSION PATINAGE "
1997	" LE REGARD DU SPORT "
1998	" GOLF "
1998	" ROLLER STORY "
1998	" LES ALPES EN PLANEUR "
1998	" LA COUPE DU MONDE DE FOOTBALL 1998 "

AGENCE VANDYSTADT - EXPOSITIONS PHOTOGRAPHIQUES

1987	**Paris " 37è SALON DE LA PHOTO, SITTI - 10 ANS DE L'AGENCE DE PRESSE VANDYSTADT "** CNIT - LA DÉFENSE
1988	**Paris " MUSÉE NATIONAL DU SPORT "** PARC DES PRINCES (5 Juillet au 5 octobre)
1988	**Rennes " XIIIé RENCONTRES PHOTOGRAPHIQUES "** HÔTEL DE VILLE & THÉATRE DE LA VILLE (5 au 27 novembre)
1988	**Paris " 2è TROPHÉE LALIQUE "** P.O.P.B. - PARIS-BERCY (12 au 13 novembre)
1988	**Lille " 6é FESTIVAL DU FILM SPORTIF "** PALAIS DES CONGRÈS (22 au 25 novembre)
1989	**Lyon " LABORATOIRE INTERCOLOR "** (1er janvier au 31 mars)
1989	**Perpignan " 1er FESTIVAL DU PHOTO JOURNALISME-VISA POUR L'IMAGE "** PALAIS DES CONGRÉS (18 au 24 septembre)
1989	**Paris " SALON INTERPRESSE "** CNIT - LA DÉFENSE (8 au 10 novembre)
1989	**Lille " 7é FESTIVAL DU FILM SPORTIF "** PALAIS DES CONGRÉS (4 au 8 décembre)
1990	**Brives " 6é SEMAINES DE LA PHOTOGRAPHIE "** THÉATRE MUNICIPAL (17 avril au 5 mai)
1990	**Menton " PALAIS DE L'EUROPE "** (21 juillet au 1er septembre)
1990	**Perpignan " 2é FESTIVAL DU PHOTO JOURNALISME-VISA POUR L'IMAGE "** PALAIS DES ROIS DE MAJORQUE (11 septembre 1990)
1990	**Villiers le Bel " IMAGIC 90 "** (29 septembre au 21 octobre)
1992	**Perpignan " 4é FESTIVAL DU PHOTO JOURNALISME-VISA POUR L'IMAGE "** COUVENT DES MINIMES (Septembre)
1993	**Paris " SALON DES ARTISTES FRANÇAIS "** GRAND PALAIS (14 au 27 septembre)
1994	**Le Perreux-sur-Marne** CENTRE DES BORDS DE MARNE (7 au 27 novembre)
1994	**Angers " 9é FESTIVAL INTERNATIONAL DU SCOOP ET DU JOURNALISME "** (14 au 26 novembre)
1995	**Rennes " XXé RENCONTRES PHOTOGRAPHIQUES "** HÔTEL DE VILLE (7 au 27 novembre)
1996	**Riedisheim " 9é SEMAINE PHOTO "** (8 au 17 mars)
1996	**Paris " ACADÉMIE DES SPORTS " Cérémonie de remise du palmarès** ACADÉMIE FRANÇAISE (19 mars)
1997	**Paris " ACADÉMIE DES SPORTS " Cérémonie de remise du palmarès** AÉROCLUB DE FRANCE (10 mars)
1997	**Lausanne " ISU - CHAMPIONNATS DU MONDE DE PATINAGE ARTISTIQUE "** (23 mars)
1997	**Lormont " ASSOCIATION CULTURE ET PARTAGE "** (31 mai au 7 juin)
1997	**Le Havre " CONGRÈS DU C.I.O. DU CENTENAIRE & 20 ANS DE L'AGENCE VANDYSTADT "** HÔTEL DE VILLE (6 au 22 septembre)
1998	**Paris " SALON INTER. DES PROFESSIONS DE L'IMAGE, SIPI - 20 ANS DE L'AGENCE VANDYSTADT "** Porte de VERSAILLES (13 au 16 mars)
1998	**Brives " 14é SEMAINES DE LA PHOTOGRAPHIE "** THÉATRE MUNICIPAL (11 avril au 3 mai)
1998	**Paris " HOTEL SOFITEL "** Paris Forum Rive Gauche (5 juin au 17 juillet)
1998	**Marseille " LES JOURNÉES DE L'IMAGE PROFESSIONNELLES, JIP "** PALAIS DU PHARO (17 octobre)

Liste non exhaustive.

VANDYSTADT

REGARDS DU SPORT

19 PHOTOGRAPHES - 200 000 PHOTOS

LES PHOTOGRAPHIES
reproduites dans cet ouvrage ont été choisies
parmi plus de 80 000 clichés réalisés par les 7 photographes
Vandystadt - Allsport France
et les 120 000 réalisés par les 12 photographes
Allsport / Vandystadt International
au cours des 64 matches durant les 33 jours de compétition
de la XVIe Coupe du Monde de Football en France,
"FIFA World Cup 1998".
Elles sont archivées et disponibles pour la presse, l'édition,
et certaines d'entre elles pour la publicité et autres usages commerciaux :
partenaires, sponsors, expositions, animations, etc.

Réf. n° 801680

VANDYSTADT - ALLSPORT FRANCE

61 - 63 rue des Entrepreneurs
75015 Paris
Tél : 01 45 79 88 54 Fax : 01 45 75 32 71
ISDN : 01 45 78 32 42
E mail : agence.vandystadt@wanadoo.fr

ALLSPORT FRANCE

Vandystadt SPORTS PHOTOS